알린스키,
변화의 정치학

알린스키, 변화의 정치학

1판 1쇄 | 2015년 7월 2일
1판 3쇄 | 2017년 2월 2일

지은이 | 조성주

펴낸이 | 정민용
편집장 | 안중철
편집 | 윤상훈, 이진실, 최미정
표지디자인 | 박수정
표지 캐리커쳐 | 정인선

펴낸 곳 | 후마니타스(주)
등록 | 2002년 2월 19일 제300-2003-108호
주소 | 서울 마포구 양화로 6길 19(서교동) 3층
전화 | 편집_02.739.9929, 9930 영업_02.722.9960 팩스_0505.333.9960

홈페이지 | www.humanitasbook.co.kr
페이스북 | facebook.com/humanitasbook
트위터 | @humanitasbook
블로그 | blog.naver.com/humabook

이메일 | humanitasbooks@gmail.com

인쇄 | 천일_031.955.8083 제본 | 일진_031.908.1407

값 9,000원

ⓒ 조성주, 2015
ISBN 978-89-6437-232-6 04300
      978-89-6437-231-9 세트

이 도서의 국립중앙도서관 출판시도서목록(CIP)은 e-CIP 홈페이지(http://www.nl.go.kr/ecip)에서
이용하실 수 있습니다(CIP제어번호: CIP2015017184).

알린스키,
변화의 정치학

조성주 지음

후마니타스

지은이 **조성주**는,

칼 세이건을 읽고 천문학자를 꿈꿨다.

희망대로 천문학과에 진학했으나 정작 우리가 발 딛고 있는

이 행성의 청년 문제에 더 큰 관심을 갖게 되었다.

청년유니온 정책기획팀장, 국회의원 보좌관,

서울특별시 노동전문관을 지냈으며,

현재 정치발전소 공동대표를 맡고 있다.

● ● ●

정치발전소는 좋은 정치를 꿈꾸는 새로운 에너지들이 모여서 대안적 정치 활동을 모색하기 위한 정치 공동체 프로젝트이다. 정치·정치철학·정당·의회주의 등에 대한 강좌, 보좌관 스쿨, 미래 세대를 위한 청소년 정치교육 등 정치 시민교육, 그리고 〈좋은 정치 기사 모니터링팀〉, 〈청사과: 청소년 정치 책읽기 모임〉, 〈서복경의 정치팟캐스트〉와 같은 다양한 정치 실험을 진행하고 있다.

| 차례 |

| 프롤로그 |

이 책은 작은 강의의 산물이다. 강의는 필자가 공동대표로 있는 정치발전소에서 2015년 4월 14일부터 4월 28일까지 수강생들과 알린스키의 『급진주의자를 위한 규칙』이라는 책을 읽고 토론하는 방식으로 이루어졌다. 그 뒤 강의의 내용을 집약해 정치발전소 홈페이지에 지상 강의 형태로 연재를 했다. 이 지상 강의를 모아 정리한 작은 결과물이 이 책이다. 강의 도중 수강생들과 강독하고 토론할 때 설명이 부족했던 부분들을 보충하고, 주변의 지인들에게 조언을 구해 가며 필자가 잘못 이해하고 있던 부분들을 수정했다. 제법 많은 수정을 했지만 여전히 부족한 점이 많기에 향후 독자들과의 소통으로 필자의 부족함을 채울 수 있있으면 좋겠다.

사실 알린스키의 책을 읽고 그의 사상에 대해 토론하는 과정은 혹자들에게는 조금 불편하게 느껴질지도 모르겠다. 특히 과거에 사회운동이나 어떤 단체들에서 빛나는 성과를 내고 주목을 받았던 집단이나 사람들일수록 그럴지도 모르겠다. 세상이 더 평등하고 자유로워져야 한다고 굳건하게 믿고 그렇지 못한 현실에 분노하는 사람일수록 더욱더 불편하고 반박할 점이 많을 것이다. 왜냐면 알린스키도 그리고 필자도 세상은 쉽게 변하지 않는 것이고 세상을 변화시키려면 열정보다 냉정을, 장렬한 투쟁보다 타협을 고뇌해야 한다고 말하기 때문이다. 짧은 활동 기간이지만 필자가 활동하면서 갖게 된 원칙은 다음과 같다. "약자들의 싸움은 패배해서는 안 된다. 만약 패배할 것 같다면 무조건 도망치고 이길 수 있는 싸움만 골라서 해야 한다."이다. 알린스키 역시 이렇게 말했다. "때때로 조직가는 일반 대중들 속에서 지독한 좌절감을 발견하기 때문에 확실한 싸움에만 내기를 걸어야 한다." 세상은 너무나 거칠고, 생계와 관계들을 유지하며 하루하루를 살아 내는 것은 너무나 고통스럽다. 약자들에게 더욱 고통스러운 곳이 우리가 살고 있는 이 세계다. 만약 당신이 여기서 무언가를 변화시키고자 노력하는 사람이라면 변화에 대한 열정만큼이나 냉정해져야 한다. 돈과 권력, 심지어 시간의 여유와 같은 것을 포함해 가진 것이 많은 사람들에게는 한 번의 패배가 좋은 경험이 되어 다른 미래에 대한 희망의 씨앗이 될지 모르지만, 거의 아무것도 갖지 못한 사람들에게 한 번의 패배는 곧 모든 것의 종말과도 같기 때문이다.

그러나 현실에서 행동을 위한 몇 가지 영리함을 다수가 공유한다고 해서 저절로 세상이 좋아지는 것은 아니다. 변화를 위한 노력과 그로 인한 작은 승리가 반복되어도 근본적인 갈증은 해소되지 않고 질문은 늘어 갈 것이다. "그렇다면 우리가 이길 수 있는 싸움이라는 것은 과연 몇 개나 되는 것일까?" "작은 승리에 만족하고 좀 더 나은 세상을 향한 변화의 열망이 식어 가도록 내버려 두어야 한다는 말일까?" "가난한 사람들, 힘없는 사람들이 조금 더 행복한 세상을 꿈꾸는 것은 환상을 쫓는 것일까?" 질문이 늘수록 마음은 조급해지고 행동은 조금 더 과격해졌다. 그리고 그 치열함의 끝에 목도한 풍경의 대부분은 '폐허'였다. 그렇게 '앞으로 어떻게 해야 하는지'보다 '앞으로 어떻게 버텨야 하는지'를 고민하던 그 시기에 필자의 고민을 많이 정리해 준 책이 바로 알린스키의 『급진주의자를 위한 규칙』Rules of Radicals : A Pragmatic Primer for Realistic Radicals이었다. 부제는 '현실적 급진주의자를 위한 기본 지침서' 또는 '입문서' 정도가 되겠다.

　『급진주의자를 위한 규칙』은 알린스키가 죽기 1년 전에 출간된 책이다. 1930년대부터 치열하게 급진적 운동가로 살아왔던 알린스키가 자신의 삶의 지혜와 경험에 근거하여 사회운동의 전략과 전술, 그리고 사회운동가의 태도와 자세 등에 대한 생각을 정리한 책이다. 이 책이 한때 미국뿐만 아니라 한국에서도 제법 화제가 되었고, 또 한국의 빈민 운동이나 주민 조직 운동 등에서 다양하게 활용되었던 이유는 이 책이 '사회과학 이론서'가 아니라 사회운동에 나선 활동가가 현실에서 맞닥뜨리는 다양한 상황에서 활용할 수 있는 '실천적 전략 전술론'과 같은 형식을 취하고 있기 때문이다. 『급진주의자를 위한 규칙』은 목차의 순서대로 보자면 "서문"과 "지향"에서 알린스키가 생각하는 사회운동에 대한 철학을 말하고, 그 다음 장章인 "단어들에 대해"와 "조직가의 교육", "의사소통" 부분에서는 사회운동가가 가져야 할 태도와 자세 등에 대해서 논하고 있다. 그리고 이후 "시작의 순간", "전술", "위임장 전술의 기원" 등에서는 사회운동가가 어떤 문제를 사회적 이슈로 만들고 그것을 해결해 나갈 때 부딪히는 다양한 상황들에 어떻게 대처하는 것이 현명한가를 다루고 있다. 전체적으로 책의 전반부는 1960년대 미국의 사회운동과 정치적 상황에 근거하여 사회운동가가 가져야 할 철학이나 태도, 인생관에 대해 이야기하며, 후반부는 주로 알린스키 본인이 직접 경험한 다양한 사회운동의 사례들을 중심으로 실천적 활동에서 고려해야 할 원칙과 전술들을 다루고 있다. 그리고 이 지상 강의는 주로 책의 전반부 내용을 중심으로 진행되었다고 이해하면 좋을 것 같다.

전체적으로 『급진주의자를 위한 규칙』은 당시 60줄에 들어선 선배 세대인 알린스키가 후배 세대인 혈기 넘치는 20~30대 젊은 사회운동가들에게 건네는 충고와 조언 같은 방식으로 집필되어 있는 책이기도 하다. 이 지점에서 알린스키는 때로는 아주 냉소적이거나 과격하다고 느껴질 만큼 질책하기도 하고, 때로는 아주 큰 애정과 기대를 담아서 이야기를 건네고 있다. 알린스키가 왜 다음 세대 사회운동가들에게 질책과 애정을 번갈아 보여 주고 있는지는 이 강의의 중간에 다시 설명하도록 하겠다.

사실 필자도 알린스키를 알게 된 것은 얼마 되지 않았다. 박상훈 박사의 『정치의 발견』(후마니타스, 2013)에서 인용된 문구들이 너무나 인상 깊어 책을 찾아보게 되었고 많은 것을 깨달았다. 이후에 이 책을 후배들과 동료들에게 권하기 시작하면서 우연치 않게 알린스키와 관련한 세미나나 강의를 하게 된 것은 어찌 보면 조금 민망한 인연이다. 필자가 정치학을 전공하지도 않았고, 특별히 알린스키에 대해 깊게 공부한 것이 아니기 때문이다. 다만 그간 나름 다양한 활동들을 해오는 과정에서 얻었던 교훈과 고민들(대부분은 실패의 경험이다)을, 40여 년 전에 한 위대한 활동가가 쓴 책을 통해 정리할 수 있었고 그로 인해 용기와 위안을 얻을 수 있었던 것에 감사하기 위함일 뿐이다. 그리고 그것을 조금이나마 다음 세대에 전달할 수 있는 기회가 주어진 것에 깊은 고마움을 가지고 있다.

필자는 요즘 '다음 세대'라는 말을 의식적으로 많이 쓴다. 『급진주의자를 위한 규칙』에서 알린스키 역시 마찬가지다. 그는 일흔이 다 되어 이 책을 쓰고 바로 다음 해에 죽었지만, 이제 30대 중반을 갓 넘긴 필자가 짐짓 꽤 많은 경험과 지혜를 가진 척하며 '다음 세대'라는 말을 쓰는 것이 조금 민망하기는 하다. 그러나 그런 민망함에도 불구하고 필자가 의식적으로 '다음 세대'라는 말을 쓰는 데에는 이유가 있다. 다른 무엇보다, 세상은 변했고 민주주의는 새로운 접근과 언어를 필요로 함에도 여전히 낡은 관행이 압도하고 있기 때문이다. '낡은 세대들은 사라져라'라는 말이 아니라, 더는 실패하고 패배하지 않기 위해 앞선 세대와 우리 세대의 고민과 성찰을 있는 그대로 인정하자는 뜻이기도 하다. 알린스키는 『급진주의자를 위한 규칙』 서문에서 후세대에게 경험과 지혜를 넘겨주어야 할 세대들이 사라져 버린 것에 개탄하며 자신이라도 무언가를 다음 세대에 남겨 주어야 한다는 사명감에 책을 쓰고 다음 해에 죽었다. 나는 다음 해에 죽을 생각은 전혀 없지만 지금 당장 후배 세대들에게 무언가를 넘겨주어야 한다는 책임감은 강하게 느낀다. 1960년대 말에 알린스키가 보았던 미국 청년들의 혼란스러운 삶보다 2014년 지금 대한민국을 살아 내고 있는 한국 청년들의 삶이 훨씬 더 절박하고 절망스럽다고 생각하기 때문이다. 나이에 관계없이 우리 모두는 다음 세대에게 책임감을 가져야 한다. 그것이 인류라는 종이 '문명'을 유지하며 지구에서 생존해 온 방식이라고 나는 믿는다. 필자를 포함해 지금까지 우리 사회를 이끌었던 앞선 세대가 가졌던 생각과 실천 방식에 대해 우리 스스로 냉정하게 평가할 때가 되었다.

| 1 |

알린스키에 대한
소개와 사상의 배경

작년쯤 이 책『급진주의자를 위한 규칙』을 가지고 한 번은 젊은 시민 단체 활동가들과, 그리고 한 번은 1990년대에 학생운동을 꽤나 세게(?) 했던 지인들과 세미나를 한 적이 있었다. 흥미로운 것은 이른바 학생운동을 했던 사람들에게 이 책이 다르게 해석된다는 점이었다. 책의 제목에서 알 수 있듯이 이 책은 '실천 활동'을 위한 '지침서'의 성격을 가지고 있다. 책의 목차도 "전략" "전술" "목표" 등으로 구성되어 있고, 유명한 소설가인 베르나르 베르베르Bernard Werber는 자신의 책에서 '알린스키 병법兵法'이라는 말로 이 책을 소개하기도 했다. 그래서인지 학생운동이나 사회운동을 급진적으로 했던 사람들에게 이 책은 1980년대에 작성된 '대중 활동가론'이나 레닌류의 '조직 활동론'의 좀 더 대중적인 버전으로 읽히기도 한다. 그러나 필자와 젊은 시민 단체 활동가들은 이 책

을 오히려 막스 베버Max Weber의 『소명으로서의 정치』나 마키아벨리Niccolò Machiavelli의 『군주론』과 같은, 정치학 관련 책으로 읽었다. 여기서 묘한 차이가 생긴다고 할 수 있다. 이는 마치 마키아벨리의 『군주론』을 지배자들에게 권모술수를 권하는 지침서로 오독하는 것과 비슷하다 할 수 있겠다. 책에서 표현된 다소 과격하고 급진적인 사례나, 전술·전략을 논하는 구체적인 지침보다 더 중요한 것은 왜 그러한 사례를 들고 지침을 말하는가이다. 그것은 정치적으로 생각하고 행동하지 않았을 때 발생하는 비극들을 다시 반복하지 않기 위해서이며, 조금 더 좋은 방향으로 세상을 바꾸어 나가고자 하는 열정이 헛되이 소진되지 않도록 하기 위해서이다. 필자는 이런 측면에서 알린스키는 현대판 미국의 마키아벨리라고 해도 과언이 아니라고 생각한다. 알린스키의 『급진주의자를 위한 규칙』은 마키아벨리의 『군주론』처럼 당대 현실에서 일어나는 다양한 사례들에 대한 정치적 대응의 방법을 중심으로, 현실 세계에서 세상을 바꾸는 일이 곧 정치의 영역이며, 정치적으로 사고하고 과감하게 행동할 것을 말하는 책이라 할 수 있다. 『군주론』을 제대로 이해하기 위해서 16세기 피렌체를 중심으로 한 이탈리아와 유럽의 정치 상황을 이해해야 하듯이, 『급진주의자를 위한 규칙』을 이해하려면 1960년대 미국의 정치적 배경을 이해할 필요가 있다. 이에 대해서는 강의를 해 나가면서 중간 중간에 따로 설명을 곁들이려 한다. 상대를 이기기 위한 '전략'과 '전술'의 '규칙' 따위를 논하는 책에서 왜 미국 정치와 정당, 조직 등을 이해해야 하는지 조금 이상하게 생각될 수도 있지만 함께 이 책을 읽고 배경에 대해 이야기하다 보면 알 수 있을 것이다.

사울 D. 알린스키(1909년 1월 30일~1972년 6월 12일)는 1909년 시카고의 가난한 러시아계 유태인 가정에서 태어났다. 이름 가운데 있는 'D'는 다윗을 의미한다. 유태인 가정에서 태어났지만 성장하면서 유태교와 멀어졌다고 하며, 시카고 대학에서 고고학을 전공한 후 특이하게도 대학원에서 범죄학을 공부하게 된다. 실천적 활동을 강조했던 그의 생애처럼, 범죄학을 제대로 공부하기 위해 당시 세계적으로 악명이 높았던 시카고의 알 카포네 마피아 갱단에 들어가 식섭 생활을 하기노 하는 등 기인석 풍노가 있었나. 이후 교수가 되는 것을 포기하고 본격적으로 노동운동에서 시작해 빈민 운동, 지역사회 운동 등에 일생을 헌신하게 된다. 알린스키가 시카고 등의 빈민가에서 지역 주민들을 조직하며 구상한 '주민 조직론'은 이후에 그가 설립한 '산업사회재단'을 통해 전 세계의 사회운동에 영향을 미쳤으며 '도시산업선교회' 등을 통해 한국 민주화 운동, 노동운동에도 간접적으로 영향을 미치기도 했다.

그의 사상과 생애를 두고 미국의 『타임』Time 지는 "미국 민주주의는 알린스키의 아이디어에 따라 변화했다."라고 평했으며, 정치적으로 반대편에 있었던 미국의 가장 유명한 보수주의 논객이자 사상가인 윌리엄 버클리William Buckley, Jr.(『내셔널 리뷰』National Review 의 창간자)는 "알린스키는 조직 이론의 천재에 가까웠다."고 높게 평가하기도 한다. 최근에 알린스키가 다시 유명해졌는데, 그 이유는 2008년 미국 대통령 선거 당시 민주당의 유력 후보였던 오바마와 힐러리가 모두 알린스키의 영향을 받았던 것이 알려지면서이다. 물론 자칭 그리고 타칭 '급진주의자'로서 일생을 마감한 알린스키이기에 마치 한국에서처럼 좌파니 뭐니 낙인이 붙을까 두려워 두 후보 모두 당시에는 알린스키와의 관련성을 공식적으로는 부정했다. 그러나 현재 미국 대통령 버락 오바마는 시카고의 알린스키 지역 조직에서 박봉(당시 연봉으로 1만3천 달러 수준이었다고 한다)을 받는 주민 조직 운동가로서 사회생활을 처음 시작했으며, 힐러리 클린턴의 경우 웨슬리 대학 졸업논문이 바로 알린스키의 모델에 대한 분석이었다.

힐러리의 졸업논문은 힐러리가 미국 민주당 대선 후보 경선에 나왔을 때 이베이 등에서 몇 만 달러를 호가하며 경매에 오르기도 했는데, 보수 쪽에서는 힐러리를 '알린스키의 딸'이라고 부르며 좌파 색을 입히기에 바빴다고 한다. 실제 자신을 인터뷰한 힐러리에게 깊은 인상을 받았던 알린스키는 그녀에게 조직 활동가로 함께 일할 것을 제안하기도 했다고 한다.

알린스키를 『정치의 발견』이라는 책에서 정치학적으로 국내에 소개한 사람은 박상훈 박사이지만 알린스키는 그 이전부터 한국에서도 주민 조직론으로 유명했다고 한다. 일본 등지에서 알린스키는 이른바 '커뮤니티 조직론'과 관련해 잘 알려졌는데, 특히 진보적인 기독교 운동에서 다양한 방식으로 소개되고 있다. 한국에서는 『급진주의자를 위한 규칙』에서 추천사를 쓴 오재식 선생이 소개한 것으로 알려져 있다. 알린스키는 생전에 책을 세 권밖에 쓰지 않았는데, 첫 번째 책이 미국의 전설적인 노동운동가 존 루이스John Lewis* 의 전기였고, 1980년대 이후 한국의 노동 운동계에 소개되기도 했다.

물론 1980년대 이후 이른바 마르크스-레닌주의류의 활동론이

---

* 존 루이스(1880~1969)는 미국의 전설적인 노동운동가로, 25살에 미국광산노동자연합(UMXA)의 위원장을 맡았고 기존의 기업별 노조가 아닌 산별노조 운동을 이끌었다. 평생 공화당원이었던 존 루이스는 정치를 적극적으로 활용하는 것으로 유명했는데, 민주당 대통령인 루스벨트의 뉴딜 정책을 적극적으로 지지했다. 알린스키 역시 자신이 산별노조회의(CIO)의 지도자였던 존 루이스로부터 큰 영향을 받았다고 고백한 바 있다.

한국의 사회운동을 풍미하면서 알린스키는 지역 주민운동과 관련된 일부 영역을 제외하고는 낯선 이름이 되어 버렸다. 미국도 크게 다르지 않은데, 최근 미국에서는 오히려 극우 보수주의 풀뿌리 단체인 티파티Tea-party에 의해 알린스키가 재조명되고 있다고 한다. 외신에 따르면 티파티의 핵심 구성원들은 알린스키의 이론을 공부하고 이를 활용해 보수주의 풀뿌리 운동을 지역에서부터 조직하고 활동해 나간다고도 한다. 이는 조금 흥미로운데, 보수주의 운동인 티파티가 조직, 위계, 권력을 강조하는 알린스키를 공부하고 적극적으로 공화당의 내부 정치에 개입했던 반면, 같은 시기에 진보파는 조직이나 위계를 거부하고 자유로운 개인들의 활동과 운동의 무정형성을 강조하는 월스트리트 점거 운동을 펼쳤다는 점은 시사하는 바가 크다. 지향이 다른 두 운동이 각각 정치적으로 어떤 결과를 낳았는지를 살펴보면, 알린스키의 사상을 좀 더 깊이 연구해 볼 가치가 있다는 생각이 든다. 한편 한국에서는 강준만 교수가 『싸가지 없는 진보』라는 책에서 알린스키가 의사소통의 중요성을 언급한 부분을 인용하여 화제가 되기도 했다. 알린스키는 『급진주의자를 위한 규칙』을 1971년에 집필하고 바로 다음 해인 1972년에 캘리포니아 카셀이라는 도시의 골목에서 심장마비로 급사한다. 따라서 이 책은 알린스키의 유작이라고도 할 수 있다. 알린스키의 생애에 대한 소개는 이 정도로 마치면서, 그가 한적한 골목에서 생을 마감하기 두 달 전 『플레이보이』*Playboy*지와 나누었던 인터뷰의 한 대목을 인용한다. 평생을 가난한 사람

들을 위해 헌신해 왔던 급진주의자로서 그의 삶의 한 단면을 잘
보여 주는 대목이라 생각한다.

알린스키 : …… 만약 죽음 이후의 세계가 있다면, 난 거기에 대해 할 말
이 없지만, 만약 그렇다면 주저 없이 지옥을 선택할 것이다.

플레이보이 : 왜 그러한가?

알린스키 : 지옥은 내게 천국이기 때문이다. 내 삶은 가난한 사람들을
위한 것이었다. 여기서는 '빵'이 없는 사람들이 가난한 사람들이다. 지옥
에서는 '선'이 없는 사람들이 가난한 사람들이다. 내가 지옥에 갈 수 있
다면 나는 바로 그곳에서 그 사람들을 조직하는 것을 시작할 것이다.

플레이보이 : 왜 그들인가?

알린스키 : 그들이 바로 나의 민중들이기 때문이다.

| 2 |

알린스키는 왜
『급진주의자를 위한 규칙』을 썼는가?

알린스키가 이 책을 집필한 1960년대 미국은 '혁명의 시대'였다. 물론 '68혁명'을 기억하듯이, 1960년대는 세계적으로도 혁명의 시대였는지 모른다. 여하튼 미국의 1960년대는 어떤 면에서 한국의 1980년대 이상으로 혁명적 열기와 이상주의가 휩쓸던 시대였다. 1960년 집권한 민주당의 존 F. 케네디John F. Kennedy 대통령은 처음으로 흑인 유권자들에게 적극적인 지지를 호소하며 대통령이 되었다. 케네디가 암살당한 후 뒤를 이은 린든 존슨Lyndon Johnson 대통령은 '위대한 사회'Great Society라는, 루스벨트의 뉴딜 정책 이후 새로운 비전을 제시한다. '위대한 사회' 프로그램은 미국의 새로운 빈곤 퇴치 프로그램으로, 지역사회를 비롯해서 노동운동·민권운동 등에 큰 영향을 미쳤다. 미국 남부를 중심으로 마틴 루터 킹Martin Luther King, 말콤 엑스Malcolm X 등으로 유명한 민권운동이 미국 전체를 물들였으며, 베트남전에 반대하는 반전운동 역시 수많은 젊은이들을 열광케 했고 또 그만큼 좌절케 했다. 그러나 반전운동·민권운동으로 대표되는 미국의 1960년대 사회운동과 정치가 그 열기만큼 진보적인 방향으로만 전진했던 것은 아니다. 열정이 과하게 모이는 곳에서 으레 나타나게 마련인 폭력과 광기 역시 함께 나타났다. 학생운동을 이끌었던 사람들 중 일부는 폭력 혁명을 주창하고 체제 전반을 부정하며 테러 활동에 나서기도 했다. 흑인 민권운동과 지역 주민운동, 미국 민주당의 정당 조직, 반전운동, 노동운동들은 극단적으로 반목하며 서로를 공격하고 비난하면서, 이합 집산을 거듭했다. 열기가 더해지는 만큼 혼란도 커지는 법이다. 누군가는 냉정하게 앞으로의 방향과 대안을 모색해야 했으나 그런 역할을 해야 할 기존의 권위는 대부분 부정당했다. 정치가 사라신 그 공간에서 혁명적 열기가 혼란의 광기로 바뀌는 것은 한순간이다.

이 책은 그 혁명의 열기가 최고조에 달했던 시점에 미국의 사회운동을 이끌었던 수많은 급진적 학생 운동가들과 알린스키가 치열하게 논쟁한 후 집필된 책이다. 당시 미국의 학생 운동가들은 전국의 대학 건물을 반전, 평화, 민권 등의 슬로건을 들고 점거했다. 그리고 점거한 대학 강당 곳곳에 유명한 운동가들과 지식인들을 초청해 논쟁하고 토론했다고 한다.[*] 당시 북부 사회운동, 빈민 운동을 대표하던 알린스키 역시 그곳에 불려 갔었는데 거기서 그는 학생 운동가들의 지나치게 낭만적인 태도, 현실적 방법론이 아닌, 계시를 기다리는 듯한 종교적 태도 따위를 아주 시니컬하게 비판했다고 한다. 당시 세상을 점거한 것 같았을 학생 운동가들 역시 알린스키를 논박했고 그 치열한 논쟁을 거친 후 알린스키는 다음 세대가 세상을 실제로 변화시키고 패배하지 않도록 하는 데 선배 세대로서 책무를 느꼈을 것이다. 다음 세대에 대한 기성세대 의 책임감이 이 책을 집필한 원동력이었으리라 예상할 수 있다.

알린스키는 왜 본인이 다음 세대에게 무언가 지혜를 넘겨주어 야 한다고 생각했을까? 그가 서문에서 쓰고 있듯이 알린스키 본인 세대에 해당하는 기성세대의 주요 활동가들은 대부분 1950년대 매카시즘의 광기에서 살아남지 못했다. 미국의 매카시즘이 얼마 나 위험하고 광적이었는지는 이미 많은 문헌들을 통해 잘 알려져 있다. 우리도 잘 알고 있는 희극배우 찰리 채플린Charles Chaplin 역 시 당시 공산주의자로 몰려 할리우드에서 추방당했고 1970년대 가 되어서야 복귀할 수 있었다. 당시 할리우드에서 채플린 등을 고발한 것으로 알려진 동세대 감독 엘리야 카잔Elia Kazan**이 50

● 마치 일본의 1960년대 급진적 학생운동인 전공투 운동이 도쿄 대학 야스다 강당을 점거한 후, 일본의 극우 논객인 미시마 유키오를 불러 공개 논쟁을 한 것과 비슷하다.
●● 제임스딘이 주연을 맡았던 〈에덴의 동쪽〉과 〈워터프론트〉를 감독한 할리우드의 명감독. 1999년 아카데미 시상식에서 공로상을 수상했으나 시상식에서 애드 해리 스(Ed Harris), 수잔 서랜든(Susan Sarandon) 등 진보적 성향의 배우와 감독들이 시상을 거부하는 의미로 기립하지 않고 박수도 치지 않았다.

여 년이 지난 1999년 아카데미 시상식에서 공로상을 받을 때 다수의 현세대 배우들과 감독들이 자리에서 일어나지도 않았을 만큼 그 상처의 깊이와 증오의 강도는 컸다. 선배 세대에서 많은 사람들이 매카시즘에 희생되었으며, 다른 한편 남은 이들 또한 알린스키가 보기에 지나치게 기계적인 마르크스-레닌주의 세계관에서 벗어나지 못했다. 이 때문에 사회운동은 사용하는 언어만 급진적이 되고 실질적인 삶의 변화는 이끌어 내지 못하거나, 폭력과 광기로 상대를 공격하면서 정작 수많은 대중으로 하여금 운동의 곁을 떠나게 했다고 알린스키는 회상하고 있다. 이 때문에 그는 이 모든 혼란의 원인은 기성세대의 어리석음의 결과라고 반성하며 다음 세대에게 체제 안에서 오랫동안 싸워 나갈 수 있는 지혜와 용기를 주고자 했다. "살인자!", "파시스트!", "인종주의자!" 따위의 서칠고 공격적인 언어를 남발하고, 상대의 생활 방식, 문화적 배경 등을 고려하지 않은 채 마구 발산해 대는 행동 방식보다, 정치적으로 정리된 언어로 상대를 존중하며 의사소통하고 그 안에서 다수를 끈질기게 설득해 나가야 한다는 알린스키의 방법이 바로 그 지혜와 용기 중 하나다.

그러나 알린스키는 요즘 말로 '꼰대'인 척하며 다음 세대에게 짐짓 훈계하는 방식을 취하고 있지는 않다. 그는 오히려 그들의 열정이 세상을 바꾸기를 희망하며 조금 더 현명하게, 그리고 말로만 하는 혁명이나 개혁이 아닌 진짜로 세상을 바꾸는 혁명과 개혁을 해 나가기를 진심으로 응원하며 이 책을 쓴 것이다. 다소 냉소적인 표현이 많이 등장하고, 생전에 그의 교육을 직접 받아 보았다는 사람들의 증언처럼 가차 없는 비판과 조소가 가득한 책이지만 또 그만큼 이 책에서 다음 세대에 대한 애정이 느껴지는 이유가 여기에 있다. 이 책에는 다음 세대 운동가들에게 보내는 응원과 충고의 말들이 가끔씩 등장하는데, 표현이 꽤 감동적이다. 다음 문장은 그가 얼마나 젊은 운동가들을 진심으로 아꼈는지 잘 보여 준다.

"나는 현 세대에게 경의를 표한다. 젊음의 가장 귀중한 부분 중 하나인 웃음을 꼭 간직하기 바란다. 당신들 중 다수가 웃음을 잃은 것처럼 보이지만, 그것을 잃지 않도록 해야 한다. 웃음은 꼭 필요한 것이기 때문이다. 함께한다면, 우리는 우리가 찾고 있는 것들인 웃음, 아름다움, 사랑 그리고 창조의 기회를 일부 찾을 수 있을지도 모른다."

| 3 |

'환상의 거미줄'에서 빠져나오는 것
: "서문"과 "지향"

주말과 휴일도 없이 일하는 경우가 많은 시민사회단체 또는 정당
의 활동가에게 알린스키의 이 책『급진주의자를 위한 규칙』을 짬
을 내서 읽을 것을 권한다면 사실 책의 "서문"과 "지향"까지만 읽
어도 충분하다고 말할 수 있을 것 같다. 만약 '알린스키 사상'이라
고 명명할 수 있다면 그 '사상'의 대부분은『급진주의자를 위한 규
칙』의 "서문"과 "지향" 부분에 모두 담겨져 있다고 해도 과언이 아
니다. 알린스키가 책의 서문과 앞부분에서 이야기하고 있는 핵심
을 한 문장으로 정리하자면 "세상을 우리가 원하는 모습으로 바꾸
기 위해서는 있는 그대로의 세상에서 그것의 법칙대로 일해야 한
다."라는 것이다. 이는 마키아벨리가 그의 책에서 "사람들이 해야
만 하는 것이 아니라 하고 있는 것"을 주목해야 한다고 한 것과 일
맥상통한다. 알린스키가 그의 책에서 말하고 있듯이 "이 세상은

순수한 천사의 세상이 아니라 간악한 책략의 세상"이며 "사람들은 힘의 원리에 따라 행동"한다. 그래서 "있는 그대로의 세상에서는 영원히 행복한 결말도, 영원히 슬픈 결말도 없다."고 말한다. 우리가 그렇게 되었으면 하는 세계, 그러니까 '선'이 언제나 승리하는 그런 세계는 텔레비전 프로그램이나 동화 속에나 있다는 것을 인정하라고 알린스키는 말하고 있다. 이것이 출발점이다. 알린스키는 1960년대 중반, 이상주의에 불타고 있던 수많은 학생 운동가들과의 논쟁을 통해 그들에게 가장 부족한 것이 세상을 있는 그대로 보지 않고 자신들이 만들어 놓은 어떤 환상을 통해 바라보는 것이라고 판단했다. '자신이 쳐놓은 환상의 거미줄'에서 벗어나야만 세상을 있는 그대로 볼 수 있다고 알린스키는 일갈하고 있다. 알린스키가 특정 이데올로기를 믿지 않고(알린스키는 사회주의자가 아니었다) 도그마에 빠지는 것을 유난히 혐오한 이유가 여기에 있다. 그는 학생 운동가들이 '혁명'이라는 단어가 주는 달콤한 환상에 빠져서 '있는 그대로의 세상'을 부정하고, 그 안에서 평범하게 하루하루를 살아가는 가난한 사람들의 삶의 고뇌를 쉽게 무시하는 것을 참을 수 없었던 것이다.

이 부분에서 어떤 이들은 한국의 1980~90년대 학생운동을 떠올릴 수 있을 것이다. '민중적 삶' '해방' '변혁' 등의 단어를 입에 달고 살던, 대부분 명문대 출신이었던 1980~90년대 한국의 학생 운동가들 역시 1960년대 중반 미국의 학생 운동가들과 크게 다르지 않았다고 볼 수 있을 것이다. 권위주의 체제를 경험했던 한국의 상황에서 그런 '낭만적 급진주의'는 시민들의 열정을 모아 내고 사회구조의 문제를 제기하는 데 어느 정도 도움이 됐을지 모른다. 그러나 권위주의 체제가 무너지고 민주주의라는 다소 지루하고 평범한 일상으로 돌아가야 하는 순간이 왔을 때 그 급진적인 언사들과 구호들은 가야 할 길을 잃어버리게 마련이다. 한국의 1980~90년대 학생운동·사회운동이 그러했고, 일본의 1960년대 전공투 운동도 마찬가지로 방황의 길을 걸었다. 흥미로운 것은 알린스키가 1960년대 미국 학생 운동가들의 몰락(?)에 대해 언급한 부분이다. 미국·한국·일본의 학생운동·사회운동에 공통적으로 적용해도 큰 무리가 없는 표현일 것 같다. "몇몇은 공포에 질려 도망"가고 "히피나 이피가 되거나 마약을 하고 공동체 생활을 시도해 보거나 현실에서 도피"하기도 한다. 그리고 "어쨌든 우리는 노력했고 우리 몫을 해냈어."라고 정당화하기 위하여, 실패가 분명한 의미 없는 대결을 벌이고 도망가거나 "죄책감에 찌든 채 어디로 가야 할지 몰라 미쳐버리기도" 한다. 일본의 적군파가 그랬고, 미국의 웨더맨Weatherman*이 그랬다. 젊은 시절의 열정을 바쳤던 믿음과 환상이 부서지는 것만큼 고통스러운 일은 없을지도 모른다. 한국의 진보 운동 역시 자칫 이런 길을 가지 않을까 걱정하는

---

* 미국 좌파 학생운동의 한 분파였던 '웨더맨'은 베트남전쟁이 한창이던 1960~70년대 "전쟁을 여기에서"라는 구호 아래 미국 정부를 상대로 폭력혁명을 주도했다.

것이 기우였으면 한다. 그래서 일본이나 미국의 일부 사회운동이 밟았던 극단적인 길을 피하기 위한 노력이 지금이야말로 필요하다고 생각한다.

여기서 이렇게 반문하는 사람도 있을 것이다. '진보' 또는 '그들은 그 뒤 영원히 행복하게 살았어요.'와 같은 동화 속의 평온한 세상은 영원히 오지 않는다는 말인가? 한때나마 지향했던 아름다운 미래가 환상에 불과하다면 진보의 결과는 무엇인가? 알린스키는 이런 질문에 대해 조금 쓸쓸한 답변을 내놓는다. "지평선에는 영원히 도달할 수 없다. 지평선이란 영원히 저 멀리에 있을 뿐이며, 우리를 앞쪽으로 손짓해서 부르고 있을 뿐이다." 그것은 철학자 발터 벤야민Walter Benjamin이 보고 진보의 미래라고 말했던 파울 클레Paul Klee의 그림("새로운 천사")과도 같다. 등 뒤에서 바람이 불어오고 천사는 나에게 손짓하며 점점 뒤로 날아가고 있는 것이다. 발터 벤야민이 그의 책에서 진보의 의미에 대해 말한 부분은 알린스키의 통찰과 같다고 할 수 있다.

우리들 앞에서 일련의 사건들이 전개되고 있는 바로 그곳에서 그는, 잔해 위에 또 잔해를 쉼 없이 쌓이게 하고 또 이 잔해를 우리들 발 앞에 내팽개치는 단 하나의 파국만을 본다. 천사는 머물고 싶어 하고 죽은 자들을 불러일으키고 또 산산이 부서진 것을 모아서 다시 결합하고 싶어 한다. 그러나 천국에서 폭풍이 불어오고 있고, 이 폭풍은 그의 날개를 꼼짝달싹 못하게 할 정도로 세차게 불어오기 때문에 천사는 날개를 접을 수도 없다. 이 폭풍은, 그가 등을 돌리고 있는 미래 쪽을 향하여 간단없이 그를 떠밀고 있으며, 반면 그의 앞에 쌓이는 잔해의 더미는 하늘까지 치솟고 있다. 우리가 진보라고 일컫는 것은 바로 이러한 폭풍을 두고 하는 말이다.

'열정'은 사회 변화의 중요한 동력이지만 무한정 오래 지속되지는 못한다. 특별한 소수의 사람들을 제외하고 평범한 사람들에게 어떠한 열정도 수십 년을 같은 열기로 지속될 수는 없는 법이다. 안타깝지만 사랑마저도 그러하지 않은가. 알린스키는 한순간의 열정이 아닌 아주 오랫동안 지속되는, 변화를 위한 노력이 중요하다고 보았다. 그래서 그는 환상과 과도한 열정에 빠져 있다가 그 환상이 지속될 수 없음에 좌절하고 도망가는 것이 아니라, 처음부터 환상에 빠지지 말고 '체제 안에서 일해 가는 법'을 익힐 것을 제안하고 있다. 알린스키는 미래에 대한 '약간의 희망'을 가지고 체제 안에서 변화를 만들어 가는 길이 진보의 길이라 말한다.

그러나 적당한 흥분 상태를 만들어 주는 환상도 없이 체제 안에서 일해 간다는 것은 매우 고통스럽고 힘든 일이다. 어쩌면 순간의 혁명적 열기에 몸을 내맡기는 것보다 훨씬 어렵다고도 할 수 있다. 체제 안에서 일해 나가는 것은 불가피하게 선택과 결정의 부담에서 벗어날 수 없기 때문이다. 체제는 한번에 바뀌지 않기 때문에 늘 차선 또는 차악을 선택하고 그에 대한 책임을 져야 한다. 그래서 알린스키는 오히려 이런 선택과 결정을 책임지는 '타협'을, 운동가가 가질 수 있는 가장 큰 용기라고 말한다. 그런 이유로 알린스키는 "선택과 결정의 부담에서 벗어날 수 있는 맹목적 안전을 갈망"하는 사람들을, 어른이 될 능력이 없어 타인의 보살핌을 받으려는 사람들에 비유하며 비판한다. 사실상 막스 베버의 책임 윤리를 말하고 있는 것인데, 한평생을 급진적 사회운동에 몸바친 사람에게서 정치적 현명함을 엿볼 수 있다는 것은 감동적이기까지 하다. 알린스키의 사상을 배우는 이 강의의 제목을 "변화의 정치학"이라고 한 이유이기도 하다.

어른이 된다는 것은 아이 시절 가지고 있던 선택과 결정의 자유로움에서 벗어나 책임지는 사람이 된다는 것이다. 책임진다는 것은 늘 고통스럽지만 어른이 되어야 하는 것도 피할 수 없는 일이다. 마찬가지로 세상을 실제로 변화시켜 내는 그 길은 매우 어렵고 고통스러운 길이다. 그 안에서 우리는 작은 행복들을 찾아내고 의미를 부여하고, 또 의미 있는 변화를 만들어 내는 것이다. 그것이 더 오랫동안 진실되게 세상을 바꾸는 길이다. 알린스키의 말대로 "이것은 도덕성을 향해 천천히 나아가는 길이다. 다른 길은 존재하지 않는다."

| 4 |

1960년대 미국 정치에 대한 이해

사실 『급진주의자를 위한 규칙』이라는 책은 1960년대 미국 정치의 거대한 변화를 이해하지 않고서는 언뜻 이해가 되지 않는 부분들이 꽤 많다. 당시 미국 사회와 사회운동, 정치가 매우 역동적으로 변화하던 시기였고 이에 따라 다양한 논쟁과 토론이 일어났기 때문이다. 따라서 알린스키의 사상과 책의 배경을 좀 더 잘 이해하기 위해 그가 활동했던 시대의 정치적 배경, 1960년대 미국 정치에 대해 잠깐 살펴보자. 이때 『다운사이징 데모크라시』*Downsizing Democracy*°를 함께 보면 도움이 될 것이다. 그뿐만 아니라 이 책은

° 벤저민 긴스버그, 매튜 A. 크랜슨 지음, 서복경 옮김, 『다운사이징 데모크라시』
(후마니타스, 2013).

알린스키가 줄기차게 비판하는, 대중적 힘을 결집하지 않은 채 미디어와 로비에 의존하는 미국 정치와 사회운동의 경향을 이해하는 데도 도움을 준다는 점에서 흥미롭다.

1930년대 중반 루스벨트의 뉴딜 정책 이후 1960년대 미국 정치는 다시 한 번 크게 변화한다. 그 변화의 진원지는 미국 민주당이었다. 전통적으로 남부에 기반을 두고 있던 민주당은 1930년대 루스벨트의 뉴딜 정책을 통해 북부 공업지대를 중심으로 한 노동자들을 지지자로 만드는 데 성공한다. 뉴딜 정책의 목표가 〈와그너법〉을 중심으로 기업의 부당노동행위를 금지하고 노동조합의 결성을 자유롭게 해 정치적 역학 관계를 변화시키는 것에 핵심이 있었다는 것은 주지의 사실이다. 최저임금제 도입, 노동조합 결성의 자유 보장 등 일련의 정책은 전통적으로 공화당을 지지했던 미국 노동계급을 민주당으로 돌아서게 하는 주요 변화를 만들어 냈다. 알린스키 역시 사회운동을 당시 조직된 급진적 산별노조인 (존 루이스가 이끌던) 산별노조회의CIO에서 시작했다.

그러나 민주당은 노동문제와 빈곤 문제 등에서 과감한 좌회전을 단행했지만, 미국 사회의 가장 큰 문제 중 하나였던 인종 문제와 관련해서는 여전히 보수적인 입장을 견지했다. 여전히 남부 지역에 기반을 두고 있었던 민주당으로서는 흑인에 대한 인종차별에 소극적 또는 암묵적 지지를 표할 수밖에 없었다. 물론 산별노조회의 등이 1950년대에 남부 농장 노동자들의 대다수를 차지하고 있던 흑인 노동자들을 조직하고자 시도했으나* 민주당 남부 보수파의 지지를 잃어버릴 것이 두려웠던 트루먼 대통령에 의해 좌절되기도 했다. 따라서 1960년대 민권운동이 등장하기 전까지 미국 민주당은 루스벨트가 동원한 새로운 유권자층인 중산층 지식인, 조직 노동자, 이민자 저소득층, 전통적인 남부 지역 농장들을 지지 기반으로 하고 있었으며, 이는 민주당의 루스벨트, 트루먼, 케네디 대통령을 만들어 낸 힘이기도 했다.

하지만 1950년대가 지나면서 조직 노동은 온건파와 급진파(이는 산별노조회의와 미국노동총연맹AFL으로 대표되는 갈등이다)로 분열되었고, 기존에 도시지역의 정당 조직이 가졌던 영향력보다 텔레비전 등 새로운 미디어를 통한 홍보 효과가 중요해졌다. 지역의 일자리를 독점하던 정당 조직들도 이전과 같은 힘을 발휘하지 못하고 있었다. 이 때문에 민주당의 뉴딜 동맹은 위기에 처했고 이를 만회하기 위해 미국 민주당은 1960년대 새로운 도전을 하기에 이른다. 그것은 새로운 유권자들을 발굴하는 것이었다. 바로 흑인들을 유권자로 조직하는 것을 말한다. 이를 가장 먼저 시도한 사람은 존 F. 케네디였다. 그는 1960년 대통령 선거에서 흑인들을 적극적으로 동원하는 정책을 펼쳤고 흑인들은 케네디에게 82퍼센트

• 이를 '딕시 작전'(Operation Dixie)이라고 불렀다. 딕시(Dixie)란 미국 남부의 11개주를 의미한다. 반대로 민주당 남부의 보수파(인종차별에 찬성)를 '딕시크랫'(Dixiecrat)이라 불렀다. 『다운사이징 데모크라시』(2013), 121쪽 참조.

의 표를 몰아주었다. 케네디 역시 흑인들의 투표권을 원천봉쇄하고 있던 인두세를 폐지하는 내용의 헌법 수정안을 지지하게 된다. 케네디가 암살된 뒤, 린든 존슨 대통령은 한편에서는 케네디로부터 시작된 인종차별 종식 노력을 계속하고, 다른 한편으로는 '위대한 사회'라고 불린, '가난과의 전쟁'이라는 빈곤 퇴치 프로그램을 제시한다. 마틴 루터 킹으로 상징되는 미국 민권운동 또한 유권자 등록 운동을 중심으로 미국 민주당의 전략에 동참하게 된다.[*] 이 거대한 전환 덕분에 민주당은 남부 흑인, 북부 노동계급, 백인 자유주의자, 이민자들로 구성된 중하층 계급이라는 강력한 정치 동맹을 만들어 냈다. 그 결과 민주당은 1964년 선거에서 대승했고, 린든 존슨 대통령의 의회 연설 "미국의 약속"[**]으로 유명한, 〈1965년 투표권법〉을 통과시키는 등 정치적 성과를 거둘 수 있었다.

문제는 그 다음에 일어나게 된다. 린든 존슨 대통령이 추진했

● 당시 미국 민권운동은 유권자 등록 운동을 중심으로 활동했는데, 이 과정에서 이를 막으려는 인종차별주의자들의 린치와 살해가 빈번했다. 1964년 미시시피에서 벌어진 민권운동가 살해 사건을 다룬 영화가 알란 파커 감독의 〈미시시피 버닝〉이다

●● "흑인의 문제란 없다. 남부의 문제도 없다. 북부의 문제도 없다. 오로지 미국의 문제가 있을 뿐이다. 오늘 밤 우리는 민주당원이나 공화당원으로서가 아니라 미국 국민으로서 이 자리에 모였으며, 이 문제를 해결할 미국 국민으로서 이 자리에 모였다."라는 말로 시작하는 미국 정치사상 손꼽히는 명연설이다

던 '가난과의 전쟁' 프로그램은 지역사회에 뜻하지 않은 심각한 갈등을 불러왔다. 빈곤 지역의 재개발 프로그램인 이 정책은 기존에 도시재개발과 관련해 이익을 독점했던 민주당의 정당 조직(이를 정치학자들은 '머신machine이라 불렀다)과 이민자 중하층 계급, 그리고 건설 노동자들이 주축이 된 노동조합의 영향력을 무너뜨렸다. 이미 정치적으로 민주당의 가장 중요한 기반으로 등장한 흑인들, 지역사회 활동의 핵심 세력인 흑인 민권운동가들, 인종차별 정책에 반대하는 백인 자유주의자들이 이 프로그램에 뛰어들게 된 것이다. 이제 1960년대 초 미국 민주당에 대승을 안겨 주었던 정치 동맹의 핵심 세력들이 정작 지방자치단체 공공 부문의 수백만 개 일자리와 도시재개발을 둘러싼 이권 등을 놓고 예리하게 분열하기 시작한 것이다. 세부적으로는 흑인, 백인 자유주의자, 지역사회 운동 조직과 노동조합, 정당 조직, 부동산 개발업자 들 간의 충돌이 일어났다. 후에 알린스키는 린든 존슨 대통령의 '빈곤과의 전쟁'이라는 프로그램이 취지는 옳았으나 오히려 지역사회와 현장에서 이중의 차별을 발생시키고 결과적으로 관료 행정 조직에만 이익이 돌아갔다고 비판하는데, 이런 비판은 당시 지역사회에서 일어났던 아주 치열한 갈등을 몸소 경험했기 때문에 가능한 것이었다.˙ 알린스키는 이 책에서 "그 계획은 경제적 지위와 인종을 근거로 하는 이중의 차별이 결합된 사업이 되었으며, 그 계획에 맞추어 살아가야만 하는 사람들에게는 위험이 되어 버렸다."고 날선 비판을 하고 있다. 흥미로운 지점은 알린스키는 자신이 비판

했던 여러 한계에도 불구하고 '빈곤과의 전쟁' 프로그램을 진일보
한 것으로 이해하고 설득했다는 것이다. 알린스키는 이에 대해서
"반드시 뒤따라오는 부정적인 것 없이는 어떠한 긍정적인 것도 없
으며, 부정적 측면을 갖지 않은 어떠한 정치적 낙원도 없다."고 지
적한다. 따라서 모든 변화는 상보성을 가진다는 점을 도시 빈곤
퇴치 프로그램의 예를 들어 설명한다.

　1960년대 중반 민권운동에 이어 반전운동의 물결이 거세지자
이 두 세력 간의 충돌이 한층 격화되었다. 반전운동의 중심인 교
육받은 '백인 중산층 자유주의자들'(이들 가운데 다수가 알린스키와 논
쟁한 학생 운동가들이었음은 쉽게 추측할 수 있다)과 흑인 민권운동가, 지
역사회 빈곤운동 활동가들은 전쟁에 반대하는 입장이었으나 이
른바 '미들 아메리카'**라고 말하는 블루칼라, 그리고 노동조합은
전쟁에 찬성했다. 이는 알린스키가 책에서, 산별노조회의가 과거
에는 혁명적인 조직이었으나 이제는 '기성 질서를 방어'하고 전쟁
에 찬성하는 조직으로 변질되었다고 비판하는 배경이다. 향후 루

- 수십 년 후 힐러리 클린턴은 결국 알린스키가 옳았다고 말하며, 민주당의 당시 빈곤
  퇴치 프로그램의 한계를 인정하기도 했다.
- ** 미들 아메리카(Middle America)란 미국 중서부 지역을 의미하기도 하나 계층적
  으로 지방 소도시와 농촌 마을에서 농업에 종사하며 교육 수준이 높지 않은 중산층
  을 말하며 제조업 노동자를 의미하는 한국과는 달리 미국에서는 이들을 블루칼라
  라고 말한다.

스벨트의 뉴딜 정책 이후 미국 민주당의 튼튼한 조직 기반이었던 노동조합과 노동자들은 1968년에 민주당을 집단 탈당했으며, 이들은 뒤에서 알린스키가 풍자했던 인물이자 인종차별주의자로 유명했던 앨라배마 주지사 조지 월리스George Wallace •가 독자 출마했을 때 그를 지지했다. 책의 서문에서 젊은 학생 운동가들이 '블루칼라', '건설 노동자 부류'••라는 용어를 쓰며 노동자들을 비난하는 것에 대해 알린스키가 어리석은 행동이라고 일갈하는 장면이 나오는데, 당시 미국 정치에서 노동조합과 민권운동, 반전 운동가들 간의 충돌을 이해하지 못하면 해석이 잘 안 되는 부분이다. 흥미로운 것은 알린스키는 산별노조회의에서 노동운동으로 사회운동을 시작했고, 도시지역 빈곤층을 중심으로 지역사회 운동을 했다는 점이다. 말하자면 인종 문제, 전쟁 문제 등으로 반목

• 조지 월리스는 여러모로 기억해야 할 이름이다. "인종차별은 오늘도 내일도 영원하다."라는 말을 주지사 취임사로 썼으며, 1963년에 앨라배마 대학에 입학하는 흑인들을 주 방위군을 동원해 막으려고 해서 당시 케네디 대통령이 통수권을 몰수하고 직접 흑인들을 대학에 입학하도록 한 사례도 있다. 앨라배마 주는 1955년 로자 파크스가 버스에서 백인에게 자리를 양보하지 않은 것으로 유명한데, 이는 미국 흑인 민권 운동의 시발점이 되기도 했다.

•• 번역은 '건설 노동자 부류'라고 했는데 원서에는 'hard-hat'이라고 되어 있다. 이는 '안전모'를 의미하는데 실제로는 백인 노동계급을 소롱하는 단어다. 뉴욕 시에서 건설 노조가 민권운동을 지지하는 학생들에게 린치를 가한 사건이 있었는데 그 이후로 'hard-hat'이라는 단어는 인종차별주의를 지지하는 백인 노동계급을 가리키는 단어로 쓰였다.

했던 양대 세력을 모두 경험적으로 이해할 수 있는 사람이었던 것이다. 진보 진영 내에서 두 세력으로 분열되어 극단적인 충돌을 거듭하던 혼란의 와중에 알린스키가 양쪽 모두의 태도를 비판하고 의사소통의 중요성을 언급하면서 현실주의적 급진주의를 주창했던 이유가 여기 있었다.

알린스키가 이 책을 쓰게 된 결정적인 계기는 1968년 미국 민주당 전당대회 폭력 사태였다. 책에서는 반전운동의 상징이었던 정치가 유진 매카시Eugene Mccarthy를 지지하던 학생들이 1968년 시카고에서 열린 민주당 전당대회에서 경찰과 군대의 폭력에 의해 저지당하고, 결국 미국 민주당이 다시 보수적인 선택으로 돌아서는 데 절망하여 알린스키에게 따져 묻는 장면이 나온다. 학생 운동가들은 알린스키에게 민주주의를 유린하는 이러한 폭력을 목도하고도 계속해서 '체제 안에서 일해 나가야 하는가?'라고 알린스키를 힐난하며 묻는다. 그러나 알린스키는 그 참담한 현실과 젊은 친구들의 절망과 분노 앞에서도 담담하게 대답한다. "첫째, 통곡의 벽을 쌓고 너 자신을 위로하라. 둘째, 미쳐 버린 후에 폭탄 투척을 시작하라. 하지만 그 방법은 단지 사람들을 우파로 돌아서게 만들 뿐이다. 셋째, 교훈을 얻어라. 고향으로 가서 조직화하고, 힘을 모아서 다음 전당대회에서는 너희 자신이 대의원이 되어라." 냉정하다고 느껴질 수도 있지만 또 한편으로 감동적인 대목이다. 결국 알린스키는 끝까지 '체제 안에서 일해 나가는 것' 그것 외에는 방법이 없음을 말하고 있는 것이다. 당장의 참담한 폭력과 불의 앞에서 분노에 못 이겨 똑같은 폭력이나 극단적인 방식으로 대응하는 것은 현대사회에서 애초부터 불가능하며, 결국 우리의 지지자들을 떠나게 만들 뿐이라는 것이다. 그렇다면 결국 부조리하고 불공정하다고 생각되더라도 이 '링'ring의 '룰'rule대로 맞서 싸우는 것밖에 방법이 없다는 것이다. 여기서 알린스키의 혜안이 빛나는데, 우리가 살아가고 있는 현대 민주주의라는 링의 룰은 결국 조직하는 자가 승리한다는 것이기 때문이다. 그래서 알린스키는 어리석은 폭력으로 대응하기보다, 고통스럽고 때로 굴욕적이더라도 다시 지역으로 돌아가 '수'數를 조직하여 맞서는 것을 택하라고 충고하고 있는 것이다. 알린스키가 얼마나 단단한 내면을 가진 정치적 인간이었는지를 엿볼 수 있는 장면이기도 하다.

그런데 왜 미국의 젊은 학생 운동가들은 1968년 미국 민주당 전당대회 결과에 절망했을까? 폭력 사태가 유발될 정도로 격렬한 상황이 일어난 것은 무엇 때문이며, 당시의 사태로 인해 수많은 젊은 학생 운동가들이 심지어 테러리스트로의 길을 택하기도 했던 것은 왜일까? 1968년 미국 민주당 전당대회 사건은 미국의 정치, 그리고 사회운동을 이해하는 데에도 상당히 중요하다. 이를 위해서는 유진 매카시 이전에 암살당한 로버트 케네디Robert Kennedy (1925~1968)에 대해 알아야 한다. 1960년대 정치 전략에서 거대한 전환을 이루어 낸 미국 민주당은 이후 벌어진 수많은 내부 갈등 속에 혼란을 거듭했다. 반전운동과 민권운동, 빈곤과 싸우는 지역 사회 운동은 날이 갈수록 성장했지만 정치는 이를 통합하지 못하

고 있었다. 그때 등장했던 대안이 바로 정치인 로버트 케네디였
다. 1963년 암살당한 존 F. 케네디의 동생인 로버트 케네디는 원
래는 다소 보수적인 정치인이었다. 루스벨트 시절 각종 진보적인
노동법을 담은 〈와그너법〉이 보수파의 반발로 후퇴할 때, 노동조
합들을 탄압하던 '부적절한 노사 행위에 관한 상원 특별위원회'의
고문 변호사로 노동운동을 공격하기도 했던 사람이다. 그러나 형
인 존 F. 케네디가 암살당한 후 자연스레 정치적으로 중요한 인물
로 부상하면서 민주당 대통령 선거 예비 후보로 등장했다. 흥미로
운 것은 로버트 케네디가, 1960년대 이후 전쟁에 대한 입장과 지
역 재개발 프로그램의 주도권 등을 둘러싸고 내부에서 반목을 거
듭하던 민주당의 지지 기반들을 다시 통합하기 시작했다는 것이
다. 노동조합, 이민자 중하층 계층, 지역사회 운동가, 흑인 민권운
동가, 반전 운동가들……, 로버트 케네디는 이 모든 대중운동과
조직들에게 지지를 호소했고 이들을 정치적으로 통합해 내는 데
거의 성공하기에 이른다. 알린스키 역시 로버트 케네디에게 상당
한 호감을 가졌던 것으로 보인다. 『급진주의자를 위한 규칙』의
말미에서, 알린스키는 로체스터 시의 흑인 빈민 운동을 조직하던
당시 상원 의원 로버트 케네디를 통해 코닥 회사에 정치적 압박을
넣는 전술을 택했는데, 당시 로버트 케네디가 보여 준 태도에 대
해 '정치적'인 것을 넘어 '인간적'이었다고 회상하기도 한다. 여러
모로 로버트 케네디는 민주당 진보파와 미국 사회운동의 정치적
상징과도 같은 인물로 성장하게 된 것이다. 그러나 민주당 대선

후보를 결정짓는 예비선거에서 그는 반전운동의 상징이었던 유진 매카시를 추월하고 대통령 후보가 되기 직전에 이르지만 결국 형의 비극을 좇아 한 팔레스타인 청년에게 암살당하고 만다. 이 때문에 많은 운동가들이 크게 실망하게 되고, 로버트 케네디의 대안으로 차점자였던 유진 매카시가 대통령 후보가 되어야 한다고 주장했다. 그러나 당시 민주당 진보파와 사회운동이 주도하던 민주당의 급진적인 변화에 불만이었던 당내 보수파들은 경선에 참여하지 않았던, 린든 존슨 행정부의 부통령을 지낸 허버트 험프리Hubert Humphrey를 후보로 지명했다. 이는 운동가들과 지지자들의 분노를 자아냈고 결국 극단적인 폭력 사태로까지 번지게 되었다. 1960년대 중반 알린스키와 격렬하게 논쟁한 후 이상주의에서 벗어나 현실주의적 급진주의로 돌아서게 된 미국 학생운동의 지도자 톰 헤이든Tom Hayden* 역시 로버트 케네디의 선거운동을 도왔으며, 앞서 언급한 급진적 학생운동, 반전운동, 지역사회 운동 및 흑인 민권운동의 다수가 로버트 케네디를 지지했음에도 그 열망이 암살과 지지 정당의 정치적 배신으로 인해 허망하게 종결되자 많은 운동가들은 절망하게 되었다. 절망한 미국 학생운동은 일부

• 민주사회를위한학생연합(Students for a Democratic Society, SDS)의 창립자이자 지도자. 알린스키와 논쟁을 벌였으나 후에 로버트 케네디의 선거운동을 지지하게 된다. 배우 제인 폰다(Jane Fonda)와 1973년 결혼했고 1989년에 이혼했다.

는 웨더맨과 같은 폭력 혁명 노선으로 빠져들거나 정치적 허무주의로 돌아섰다. 때문에 알린스키는『급진주의자를 위한 규칙』을 통해, 실망하고 좌절한 젊은이들에게 정치적 허무주의에서 벗어나 끈질기게 세상을 변화시켜 나가자고 설득하고 용기를 불어넣고 있는 것이다. 필자는 알린스키의 사상과『급진주의자를 위한 규칙』이라는 책이 2015년 현재 한국에서 또 다른 의미가 있다고 생각한다. 권위주의 체제 이후 정권 교체에 성공한 두 대통령의 연이은 죽음과 비극, 수백 명 어린 학생들의 비극적인 죽음과 그에 대한 무책임, 수십만 명이 거리에서 연이어 촛불을 들고 사회의 변화를 요구해도 흔들리지 않는 체제, 무기력한 야당과 분열을 반복하는 진보 진영의 모습은 1960년대 미국의 모습과 비슷하다. 그리고 젊은 세대의 절망과 그에 근거한 뒤틀린 분노와 냉소가 퍼지고 있는 모습도 다르지 않다. 어쩌면 유래 없이 심화되고 있는 경제적 양극화, 그리고 젊은 세대의 빈곤과 좌절의 규모를 보면 1960년대의 미국보다 오히려 지금의 한국 사회가 더 대책 없고 깊은 절망으로 빠져들고 있다고도 볼 수 있다. 그래서 지금 우리에게도 '정치적 허무주의'를 이겨낼 지혜와 용기가 시급하게 필요하다.

알린스키는 책의 서문에서 기성세대의 무책임이 다음 세대의 정치적 허무주의와 무기력증을 낳았다고 고뇌하는데, 그는 진심으로 다음 세대 활동가들에게 희망의 불씨를 남기고 싶었던 것 같다. 그래서 알린스키는 서문의 말미에 이렇게 쓰고 있다.

"우리 문밖에는 외부의 적들이 때때로 존재했다. 하지만 내부의 적은 언제나 존재한다. 바로 이 내부의 적은 드러나지는 않았지만 매우 유해한 무기력증이며, 이는 우리의 삶과 미래를 그 어떤 핵무기보다도 더 확실하게 파괴할 수 있다. 자기 자신에 대한 그리고 자신의 미래를 이끌 자신의 힘에 대한 믿음의 소멸보다 더 암울하고 파괴적인 비극은 있을 수 없다."

변화의 정치학을 이해하기 위해
다시 생각해 볼 단어들

"수치스러울 정도로 도덕적인 태도를 갖추게 된 화법은 인간과 사물에

대한 현대의 모든 판단이 비굴해지도록 만든다."

_프리드리히 니체Friedrich Nietzsche

앞서 『급진주의자를 위한 규칙』의 배경을 이해하기 위해 1960년대의 미국 정치를 이해할 필요가 있으며, 이를 위해 『다운사이징 데모크라시』라는 책을 함께 볼 것을 추천했다. 마찬가지로 알린스키가 책에서 본격적으로 실천적 활동을 위한 개념들과 사례들을 언급할 때, 이해를 돕기 위해 또 다른 책을 한 권 추천한다면 샤츠슈나이더의 『절반의 인민주권』*을 추천하고 싶다. 그것은 필자가 보기에 알린스키와 샤츠슈나이더가 민주주의를 이해하고 중요하게 생각했던 이유가 같기 때문이다. 두 사람은 모두

민주주의를 갈등에 기초한 체제로 이해했으며, 민주주의야말로 사회적 약자들의 힘을 효율적으로 조직하고 권력을 쟁취할 수 있는 체제라고 여겼다. 이 때문에 알린스키는 '비정치적'인 것을 혐오했다. 현실의 세계는 힘(권력)을 조직하여 자신들의 목소리를 얼마나 크게 내는가, 자신들과 관련한 갈등을 얼마나 넓게 조직하는가에 따라 약자들의 처지가 달라진다고 보았기 때문이다. 그러기 위해서는 '정치적'이 될 필요가 있다고 주장했고 정치의 본질은 힘, 갈등, 자기 이익, 위계와 같은 것들이라고 보았다. 앞서 언급한 1960년대 미국의 급진적 학생 운동가들과 알린스키가 논쟁한 주요 내용도 이와 같다. 급진적이고 낭만적인 학생 운동가들은 가난한 자들과 자신들이 조직에서 누구도 위에 서 있지 않고 평등하고 자유롭다고 주장했다. 그러나 알린스키는 조직은 위계가 중요하며 명확하게 권력을 목표로 하는 것이라며 학생 운동가들의 낭만적인 태도를 비웃었다. 이 때문에 알린스키는 『급진주의자를 위한 규칙』에서 우리가 흔히 쓰는 정치와 관련한 단어들에 대해 한 장章을 할애해 따로 설명하는 수고를 아끼지 않는다.

• E. E. 샤츠슈나이더 지음, 현재호·박수형 옮김, 『절반의 인민주권』(후마니타스 2008).

1. 힘(권력) : 힘(권력)을 이해하는 것은 정치를 이해하는 것

"권력은 삶의 진정한 본질이며, 동력원이다. 그것은 몸에서 피를 순환 시키고 생명을 유지하는 심장의 힘이다."

_사울 알린스키

알린스키는 "변화는 힘(권력)으로부터 오며, 힘(권력)은 조직으로부터 온다."고 말했다. 그리고 그는 현실 세계에는 인류가 발전시켜 온 다양한 '권력 도구'들이 있으며 이 권력 도구들을 이해해야 한다고 주장한다. "힘(권력)을 알고 두려워하지 않는 것이 힘(권력)을 건설적으로 이용하고 통제하는 데에 필수적이다." 알린스키는 더 나아가 "인간에게 알려진 모든 조직은 단 하나의 존재 이유만을 가지고 있다. 조직은 공동의 목적을 실행에 옮기거나 진척시키기 위해서 필요한 권력을 목표로 하고 있는 것이다."라고까지 말한다. 조금 더 쉬운 말로 '모든 조직은 정치적이다.'라고 말했다고 할 수 있겠다.

그는 "인류는 오직 '권력의 도구'들을 개발하고 조직하는 법을 배운 덕분에 육체적 생존을 위한 극단적 투쟁sheer struggle 대신 질서, 안전, 도덕, 문명 생활 등을 성취하고 발전해 왔다."라고 말한다. 이는 정치라는 것 자체를 인류가 발견해 선용해 온 이유와도 정확하게 일치한다. 알린스키가 힘(권력)을 그렇게도 강조한 것은 당연하다. 정치는 불평등한 한 사회의 약자들이 그들의 이익을 최대화할 수 있는 가장 효율적이고 강력한 방법이기 때문이다. 그래서 필자는 다시 한 번 알린스키의 이 책을 '현대판 손자병법'이 아닌, '가난한 자들을 위한 정치학'으로 읽어야 한다고 말하고 싶다.

우리 사회에서도 정치를 무언가 모사꾼들의 장, 더러운 것, 부패한 것으로 보는 잘못된 인식이 있다. 마찬가지로 권력, 힘과 같은 단어도 부정적으로 묘사된다. "그 사람은 너무 권력 지향적이야."라는 말은 부정적인 표현으로 쓰인다. 어떤 정치가도 "나는 권력을 추구하고 있습니다."라고 말하지 않는다. 그러나 알린스키의 말대로 변화를 위해서 힘(권력)은 중요하고 소중한 것이며 잘 써야 하는 것이다. 이를 위해 정치가 무엇보다도 중요하다. 힘(권력)이, 그리고 정치가 나쁜 것이 아니라 힘(권력)을 잘 쓰는 것, 그러니까 정치를 잘하는 것이 중요하다. 오히려 힘(권력), 정치를 나쁜 것으로 묘사하는 사람들이 누구인가를 잘 들여다볼 필요가 있다. 대부분은 우리 사회에서 힘(권력)을 가진 자들, 집단들인 경우가 많다. 이런 경향에 대해 박상훈 박사는 『정치의 발견』에서 "내심 민주주의를 싫어한다고 해서 민주주의를 공개적으로 공격지는 못한다. 대신 반反정치주의를 동원해 같은 효과를 얻을 수는 있다."고 지적한다. 깊이 공감하는 말이다. 세상의 변화를 추구하는 젊은 세대들 역시 힘과 정치에 대해 열린 자세로 고민해 보았으면 한다. 막 시민운동이나 사회운동을 시작한 젊은 친구들에게서 운동은 순수한 것이고 정치는 불순한 것인 양 말하는 것을 보게 되는 경우가 가끔 있다. 그런 친구들은 권력은 자연히 부패하는 것이고 폭력적인 것처럼 말하기도 한다. 물론 권력이 본질적으로 폭력적인 성격을 띠고 있다는 것은 맞는 말일 수 있다. 그러나 우리가 하고자 하는 '운동'이라는 것도 결국 알린스키의 말에 따르면 '변화를 위한 힘을 조직하는 것'에 다름 아니다. 운동은 목표로 하는 변화를 위해 권력을 쟁취하는 것이고, 그 권력을 건설적으로 이용하는 것이다. 오히려 현실에서는 힘(권력)을 백안시하고 정치를 멀리할수록 대책 없는 무질서와 타협 없이 지속되는 갈등 속에서 운동이 서서히 사그라들게 되어 아무런 성과도 남기지 못하는 경우가 많다.

힘(권력), 정치가 속성상 폭력 또는 강제력을 내재하고 있다는 것은 틀린 지적이 아닐지도 모른다. 막스 베버도 "현대 정치에서 권력이란 무엇인가를 가능하게 하는 힘이면서 궁극적으로 타인을 강제하는 조직적 물리력을 본질로 한다."고 말했지 않은가. 그러나 역설적으로 그렇기 때문에 권력과 정치가 세상을 바꿀 수 있는 좋은 수단일 수 있다는 점도 우리가 함께 이해했으면 한다. 서로 생각이 다른 사람들을 없앨 수는 없다. 다만 민주주의의 방식으로 설득하고 더 나은 대안을 놓고 경쟁하여 그것을 강제하는 것이 바로 우리가 추구하는 권력과 정치라는 점을 함께 고민해 볼 수 있었으면 한다.

2. 자기 이익

가끔 인터넷 커뮤니티 등을 보면 유난히, 이기적인 행동이나 생각에 대한 공격이 매우 많은 것을 볼 수 있다. 주차 문제나 새치기 등 이기적인 사람들의 사례를 사진 등으로 찍어 올리고, 이를 함께 비난하는 댓글들을 쉽게 볼 수 있다. 이들이 가장 쉽게 그리고 자주 비판하는 것이 바로 집단 이기주의이다. 물론 자기 집단의 이익만을 위해 타인의 자유와 권리를 부정하고 공동체를 부정하는 경향들은 분명 잘못된 것이다. 그러나 우리는 이런 일부의 비도덕적 사례에 대한 비판이 과해서 혹여 자신의 목소리를 제도에 반영하기 힘든 사회적 약자들의 조직된 행동으로서의 자기 이익마저 집단 이기주의로 치부해 버리는 것은 아닌지 돌아볼 필요가 있다. 오히려 자기 이익이라는 것이 우리 사회에서 평범한 사람들이 힘을 모으는 중요한 동기이자 목적이라는 사실도 인정할 필요가 있다. 알린스키는 '행위 동기로서 이타주의'는 신화나 동화에 불과하며 이는 "정치와 인간사를 다룬 모든 위대한 연구자들의 의견에도 반대"되는 것이라고 지적한다.

필자 역시 알린스키가 지적한 것처럼 자기 이익이라는 단어를 부정적으로 보는 경향, 자기 이익보다 공익·공공선이 더 우위에 있다고 보는 경향들이 위험하다고 생각하는 가장 큰 이유는, 이런 생각들이 다양한 결사의 자유를 억압하게 되기 때문이다. 그리고 결사(조직화)하는 것 외에는 힘(권력)을 가질 방법이 없는, 아무것도 가지지 못한 하층계급·약자들의 목소리를 의도적으로 삭제시키는 결과를 가져오기 때문이다. 알린스키가 말했듯이 "정치 활동의 모든 영역을 지배하는 자기 이익의 영향력을 의문시하는 것은 사람을 그가 존재하는 모습 그대로 바라보기를 거부하고 단지 우리가 그에 대해 원하는 모습대로 보려고 하는 것"이다.

약자들의 가장 큰 무기는 조직이다. 따라서 민주주의는 누구나 자기 이익을 지키기 위해 '결사할 수 있는 자유'를 부여하는 것, 그것을 근간으로 하고 있다. 그러나 언제부턴가 자기 이익에 근거한 약자들의 결사의 자유가 너무나 쉽게 집단 이기주의로 매도되곤 한다. 자본주의사회에서 가장 기초적인 자기 이익을 지키기 위해 결사의 자유가 보장된 노동조합조차 집단 이기주의로 비판받기 일쑤다. 길거리에서 노점을 하는 상인들의, 생존을 위한 협력과 연대도 조직 폭력배들의 행패와 같은 것으로 둔갑된다. 그러나 이런 비판들은 때로 힘 있는 사람들, 돈 있는 사람들의 조직 역시 자기 이익에 근거하고 있다는 사실을 쉽게 간과한다. 협회, 연합, 포럼 같은 이름을 붙인 수많은 단체들은 그 형식상 세련된 정도나 (로비인지 집단적 항의인지라는) 행동 양식에서 차이가 있을 뿐, 이 역시 민주주의를 기반으로 한 자기 이익에 근거하고 있다. 필자는 재벌 대기업들이 자기 이익을 위해 조직한 결사인 전경련 등의 경제 단체나, 상공회의소 등을 두고 집단 이기주의라고 매도하는 언론을 본 기억이 없다.

진보 진영 일부에서도 자기 이익보다 '공익'이나 '진보적 가치'

라는 것이 우선한다고 쉽게 말하는 것은 위험하다. 비정치적이고 중립적인 목소리로 공익을 말하지만 대부분은 오히려 교육받은 중산층이나 전문가들의 목소리일 경우가 많기 때문이다. 자기 이익에 근거하지 않은 공익이라는 것이 추상적으로 존재하는지 의문이다. 최근에는 다양한 행정조직들에서 자기 이익에 근거한 단체들과 소통하기보다 공론, 객관적 목소리라는 이유로 전문가들을 초빙해 의견을 듣고 그것에 근거해 정책을 결정하곤 하는데, 이런 경향을 잘 보여 주는 사례다. 조직화된 목소리는 이기적이지만 교수나 지식인의 목소리는 공익적이고 중립적이라는 논리가 저변에 자리 잡고 있다. 그러나 이에 대해 미국의 정치학자인 벤저민 긴스버그는 『다운사이징 데모크라시』라는 책에서 이러한 행태들이 "미국인들을 시민에서 고객customers"으로 만들어 버리고 "유권자 대중을 주변화하고, 점차 법원과 관료들에 의존해 자신들이 원하는 것을 얻고 있다."고 비판하며 오히려 민주주의를 축소downsizing하는 행위라고 일갈한다. 교수 등 전문가들이 모여서 논의하고 결정한 것이 공익이라면 사실 선거나 민주주의 자체도 필요 없을지 모른다. 다양한 자기 이익에 근거한 목소리들이 갈등을 빚고 그 과정에서 토론하고 논쟁하며 조금 더 나은 대안을 찾아가는 것이 민주주의이지, 수학 문제 풀듯이 정해진 답을 공식에 맞게 만들어 내는 것이 민주주의일 리 없다. 오히려 그렇게 선물처럼 던져지는 해결책들은 제대로 작동하지 않는 경우가 더 많다.

한 공공 기관에서 전문가들의 의견을 수렴하여 비정규직 노동자들을 정규직화하는 결정을 내렸다. 그러나 정작 그 비정규직 노동자들이 가입한 노동조합은 의사 결정 과정에 어떤 식의 참여도 보장받지 못한 채 정규직화라는 '선물'을 뜻하지 않게 받아 들게 된 것이다. 물론 노동조합이 지속적으로 요구해 온 것이 바로 비정규직 노동자들의 정규직화였지만, 노동조합과의 협상을 배제하고 일부가 일방적으로 결정했을 때 그 결과는 어떠했을까? 오래 지나지 않아 담당 관리자들은 정규직화를 미끼로 비정규직 노동자들을 협박하거나 괴롭히게 되었다. 비정규직 노동자의 정규직화를 관리자들이나 회사에서 정했으므로 노동자들이 회사의 눈치를 봐야 했기 때문이다. 그 결과 노동조합은 지속적으로 약화되었고 이 때문에 노사 간의 갈등은 극단적으로 심해졌다. 만약 일방적으로 정책을 결정하지 않고, 노동조합의 요구와 협상을 통해 정규직화가 진행되었다면 그 결과는 완전히 달랐을 것이다. 비정규직 노동자의 정규직화는 노동조합과 회사 간의 공개적인 협상에서 정해지는 것이지 관리자들 개별이 함부로 정할 수 없다는 사실이 작업 현장에서 확실하게 인식되고, 일부 관리자들의 불법 행위 또한 없었을 것이다. 결국 그 공공 기관에서는 오랫동안 노사 갈등으로 많은 사람들이 괴로움을 겪을 수밖에 없었다. 알린스키 역시 이런 행태들을 두고, 라이베리아에 자유가 선물처럼 주어져 오히려 '정치적 빈곤'이 초래된 사례를 들며, "그것은 주는 것이 아니라 빼앗는 것, 그들의 존엄성을 빼앗는 것이다. 참여하는 기회에 대한 부정은 인간 존엄성과 민주주의의 부정이다."라고 비판한다.

가끔 진보 진영 내에서도 지향하는 이념과 가치가 너무 높고 거대한 나머지 특정 집단들이 자기 이익을 위해 싸우는 것을 백안 시하는 태도들이 일부 있다. 필자가 청년 세대의 노동문제를 직접 해결하겠다며 청년 실업자, 청년 노동자들을 위한 노동조합인 청 년유니온을 처음 만들겠다고 했을 때 기존 사회운동, 노동운동의 선배들에게 많은 격려와 조언을 들을 수 있었다. 너무나도 감사한 기억이다. 아무도 가지 않았던 새로운 길을 가고자 하는 젊은이들 에게 격려와 조언은 그 자체로 용기가 되곤 한다. 그러나 때로 일 부 사람들에게 날선 비판과 힐난을 듣기도 했다. 청년들과 대학생 들이 '사회적 가치', '조국의 미래', '민중의 이익'을 위해 싸워야지 자신들의 이해를 위해 조직을 만든다는 것이 이기적이고 부적절 하다는 것이었다. 그렇게 말한 사람들 가운데에는 노동조합을 만 들어 노동자들의 자기 이익을 위해 싸우고 있거나, 시민 단체를 만들어 공익을 위해 싸우고 있는 사람들이 있었다. 의문이 들었 다. 그럼 그 공익이라는 것은 누구의 것인가? 노동자들의 자기 이 익은 중요한데 예비 노동자 혹은 노동자가 되고 싶어도 되지 못하 는 청년 실업자들의 자기 이익은 누가 대표해야 하는가?

사실 일부 노동조합 활동가들이나 시민 단체 활동가들의 이런 시각 역시 우리 민주주의에서 제대로 대표되지 못하는 집단들의 결사를 막는다. 큰 명분이나 사회적 기치, 운동적 내의가 먼저 있 고, 집단들의 자기 이익이 존재하는 것이 아니다. 다양한 집단들 의 자기 이익이 있고, 이들이 모여서 더 나은 사회적 가치와 운동적 대의를 지향해 가는 것이다. 이런 태도는 과거와 달리 갈등의 범위와 주제, 깊이가 복잡해진 지금 우리 사회에서 더 필요하다고 생각한다. 우리 사회의 진보는 자기 이익을 위해 조직도 만들지 못하고 목소리도 전달할 수 없는 다양한 집단들에 더 귀를 기울여야 하지 않을까?

3. 타협 : 아름다운 것

> "거래는 절대적으로 필요한 숨 고르기, 보통 승리를 의미하며, 타협은 그것을 획득하는 것이다."
> _사울 알린스키

　타협이라는 단어 역시 무언가 음습하고 원칙적이지 못한 것으로 비난받는 단어다. 타협적인 사람은 기회주의자와 유사한 단어로 사용되며, 우리는 역사에서도 보통 원칙주의자를 '위인'으로 칭송하기도 한다. 그러나 알린스키는 "조직가에게 타협은 가장 핵심적이고 아름다운 단어"라고 단언한다. 그에 따르면 타협은 매우 고결한 것이며, 오직 힘 있는 자만이 타협할 수 있는 권한을 가지고 있다는 점에서, 약자들을 위해 활동하는 사람들이 타협을 나쁜 단어인 것처럼 묘사하는 것은 문제라고 할 수 있다. 특히 알린스키는 길게 설명하고 있지는 않지만 타협이야말로 민주주의의 핵심적인 덕목이라고 말한다. 알린스키가 말하는 '자유롭고 개방적인 사회', 그러니까 민주주의는 갈등에 기반한 체제이며 그 갈등이 멈추는 순간이 바로 타협하는 순간이라는 것이다. 그리고 그 타협된 갈등은 다시 '끝없이 계속되는 갈등과 타협의 연속을 위한 출발점'이 되어 사회를 발전시켜 나간다고 말한다. 그래서 그는 자유롭고 개방적인 사회는 바로 타협하는 사회라고까지 이야기하고 있다. 민주주의가 갈등에 기반한 체제라는 것을 인정한다면 타협이라는 것은 필연적으로 아름다운 진전일 수밖에 없다는 것이다.

다양한 갈등을 다루며 활동하는 사람들에게 타협은 매우 현실적인 고민이 된다. 특히 진보 진영 일각에서는 마치 타협하지 않고 '원칙적으로' 끝까지 싸움을 고집하는 것이 미덕인 것처럼 여겨지는 경우가 있다. 특히 막 사회운동이나 시민운동을 시작한 젊은 활동가들에게서 이런 경향을 가끔 보게 된다. 그러나 이들이 타협을 승리나 미덕으로 인식하지 못하는 것은 현재의 체제가 너무 폭력적이고 불평등한 데 비해 변화의 속도가 기대에 미치지 못하는 것에 대한 조급증에 불과하다. 그것은 '모두가 행복하게 잘 살았어요'와 같은 동화 속 해피엔딩을 잔혹한 현실에서 기대하기 때문이다. 그러나 그런 기대와는 달리 우리는 오히려 타협해야 하는 순간을 놓친 채 기약 없이 지속되는 싸움이 오히려 사회적 약자들을 더 극단적인 상황에 놓이게 만드는 경우를 종종 만나게 된다. 그 결과는 해피엔딩이 아니라 '그리고 아무도 없었다'와 같은 허무한 폐허인 경우가 많다.

　현실에서는 어떤 갈등을 둘러싼 싸움에서 타협을 할 수 있는 단계로 왔다면 대부분의 경우 그 싸움은 승리에 가깝게 다가갔다고 보아도 무방하다. 누구도 싸움 그 자체만을 위해 싸움을 시작하거나 지속하지 않기 때문이다. 힘이 있는 사람만이 타협을 할 수 있다. 마찬가지로 타협의 구체적 방법인 협상은 힘이 없다면 할 수 없다. 알린스키는 이렇게 말한다. "어느 누구도 협상을 하도록 압박할 힘이 없이는 협상을 잘할 수 없다." 그렇기 때문에 타협은 그저 쉬운 싸움의 마무리 절차와 같은 것이 아니다. 흔히 노동조합 활동을 오래 한 노동운동가들에게 물어보면 이렇게 말한다. "파업이 가장 쉽고, 교섭(타협)이 어렵고, 교섭한 사항들을 지켜 나가는 게 가장 어렵다." 이처럼 흔히 격렬함으로 포장되게 마련인 싸움이 가장 중요한 것처럼 여겨지지만 실제로는 타협을 하는 것이 가장 어렵고 진정한 용기와 리더십이 필요한 부분이다.

　자기 이익에 근거한 대표적 단체인 노동조합의 예를 들어 보자. 노동조합이 조합원들의 갖가지 요구들(보통 수백 가지에 이른다)을 내걸고 파업을 비롯해 다양한 싸움을 하고, 그 결과로 사측과 교섭 테이블에 앉아 교섭을 시작한다. 그러나 실제 교섭장에서 사측과 타협하는 과정에서는 수백 가지의 요구안 가운데 당시 조합원들에게 가장 중요하다고 판단된 요구안에 따라 순서가 매겨지며(사실 이 순간부터 타협은 시작되는 것이다), 중요한 문제의 순위별로 일정 정도 노사 간 타협이 이루어지게 된다. 그런데 정작 파업이라는 쟁의행위의 순간보다 오히려 이 과정이야말로 치열한 전략과 전술이 오가는 순간이다. 노사가 서로 중요하다고 생각하는 것은 다르기 때문에 진정 원하는 것을 얻기 위해 때로 '살'을 내주고 '뼈'를 취하는 '육참골단'의 전술도 마다하지 않는다. 협박과 읍소, 청탁과 거래가 오가기도 한다. 이것을 야합이라고 비난하는 사람들의 대부분이 그 절박한 이해관계와 관련이 없는 구경꾼들인 경우가 많다는 것도 주목할 필요가 있다. 노동조합의 집행부는 이 완벽하지 않은(수백 가지 요구를 모두 관철하기란 불가능하다. 그것이 가능하다면 사실 그 사회는 노동조합이 존재할 필요도 없는 세상일 것이다.) 합의안으로 조합원들을 설득해야 하는 과정이 남아 있다. 조합원들마다 자신이 중요하게 생각하는 요구의 순서가 다를 것이므로 당연히 갈등이 뒤따르고, 이에 대한 책임도 뒤따른다. 어떤 노동조합 집행부들의 경우 파업도 잘하고 교섭도 했지만 타협안이 조합원들의 요구에 미치지 못하여 교섭안이 부결되기도 하는데, 이럴 경우 대부분의 집행부가 사퇴를 택하는 이유는 사실상 집행부의 리더십이 정치적으로 부정되었다고 판단하기 때문이다. 이처럼 자신의 정치적 생명을 걸고 타협을 하고, 그에 따른 책임을 지는 것이야말로 그 어떤 격렬하고 화려한 싸움보다 어렵고 힘든 것이며, 그만큼 의미 있는 것이라 할 수 있다.

그렇다면 다협이 가장 큰 미덕이라는 성지의 중심 국회는 어떠할까? 국회의원이라는 존재, 그러니까 정치인은 타협 그 자체를 위해 존재한다고 해도 과언이 아니다. 그런데 서로의 가치관과 노선, 그리고 세세한 정책에 대한 방법론까지 완전히 다른 수많은 정치 세력들이 한 사회의 방향을 위해 논쟁하고 타협하는 모습들을 놓고 우리 언론이 너무나 쉽게 '그들만의 밀실 야합' 따위의 언어로 비난해 버리는 경우를 흔히 볼 수 있다. 이는 사실 공정하지 못한 태도이다. 정당한 비판을 하려면 정치인들이 타협한 내용을 가지고 비판해야지 타협 그 자체를, 밀실 야합과 같은 원색적 단어를 동원해 일방적으로 비난해서는 안 된다. 앞서 말한 노동조합 집행부가 조합원 전체의 이익을 위해 결단을 내리는 것처럼, 정치인들과 정당들 역시 한 사회의 공익을 위해 리더십을 발휘해 결단을 내려야 하는 순간들이 있다. 그것이 밀실에서 이루어졌는지 광장에서 이루어졌는지는 부차적인 문제다. 더 중요하게 논의되어야 하는 것은 타협의 내용이고 타협을 통해 증진된 공익의 크기여야 한다. 사회의 주요한 갈등을 대표해서 다루는 정치의 공간은 상대방의 존재를 말살하는 곳이 아니다. 따라서 모든 사안은 결국 한쪽의 일방적인 주장으로 결론 내려지는 것이 아니라 서로 다른 대안들 사이에서 타협이라는 방식으로 결정된다. 따라서 정치의 공간에서 일어난 타협을 내용에 대한 면밀한 검토 없이 야합이라고 비난하는 것은 사회의 공익을 증진시키는 데 전혀 도움이 되지 않는다. 그리고 타협했다는 그 자체만으로도 때로는 칭찬받아야 하는 순간들이 있다. 타협은 그 자체로 용기인 경우가 훨씬 더 많기 때문이다.

4. 갈등 : 민주주의의 근간

"정치가 갖는 역동성의 기원은 갈등에 있다."

_E. E. 샤츠슈나이더

갈등은 현대 민주주의에서 가장 중요한 요소이다. 갈등이 있는 체제가 바로 민주주의라 할 수 있다.

마키아벨리 역시 갈등이 자유로운 사회의 중요한 요소라고 언급하며 "귀족과 평민 간의 갈등을 비난하는 사람들은 로마가 자유로울 수 있는 가장 기본적인 이유를 비난하는 것이고 이들 갈등이 가져온 좋은 결과보다 난동과 소요에 관심을 더 많이 기울이는 것일 뿐이다. 그들은 모든 공화국에 민중과 귀족이라는 두 대립적인 기질이 존재하며, 자유를 증진하는 모든 법이 이들 사이의 갈등에서 비롯된다는 사실을 고려하지 않는다."라고 비판한다.

알린스키는 "갈등은 자유롭고 개방된 사회의 본질적인 핵심"이라고 말했고, 샤츠슈나이더는 "민주적 삶의 방식을 음악 작품의 형태로 나타내려고 한다면 그것의 주 선율은 불협화음의 하모니가 될 것이다."라고 표현했는데, 이는 갈등이 민주주의를 어떻게 발전시켜 나가는지를 꿰뚫은 명견이라 할 수 있다.

알린스키는 미국 광고 회사들이 공익광고가 갈등을 나쁜 것으로 묘사하는 데 큰 불만을 가졌다. 당시는 1950년대 처음으로 텔레비전을 통한 정치광고가 시작된 후 다양한 정치광고, 공익광고가 발전하던 시기였다. 알린스키는 이러한 공익광고들이 갈등을 나쁜 것으로 묘사함으로써 사회적 약자들의 집단적 저항을 사회 혼란으로 치부하는 것에 불만을 가졌던 것이다.* 가만히 생각해 보면 오히려 갈등, 싸움은 나쁜 것이라고 말하는 사람들의 다수는 힘 있는 자, 지배하는 사람들임을 쉽게 눈치챌 수 있다. 실제 우리 사회에서도 갈등은 무조건 나쁜 것으로 몰아간다. 그리고 이렇게 갈등을 나쁜 것으로만 묘사하는 언론이나 주장들을 보면 대부분 기득권인 경우가 더 많다. 경제 단체들은 갈등이 경제성장과 사회 질서 유지에 좋지 않다면서 노동자들의 파업을 무조건 비난한다. 언론 역시 자기 이익에 근거한 정당한 권리의 요구에 눈을 감고, 무질서·혼란과 같은 단어들과 등치시키면서 노동자들을 사회 혼란 세력으로 낙인찍기에 바쁘다. 때로 보수 여당 역시 갈등은 무조건 나쁜 것이라고 지적하면서, 다수의 시민에게 제자리를 지키며 '가만히 있으라'고 말한다. 그러나 갈등을 간단히 나쁜 것으로

---

* 알린스키가 책에서 '매디슨 가의 홍보 활동'이 갈등을 나쁜 것으로 인식하게 만드는 데 큰 영향을 미쳤다고 말하는데, 여기서 말하는 매디슨 가는 뉴욕의 광고 회사들이 모여 있는 거리를 말한다. 1952년 최초의 텔레비전 정치광고(아이젠하워)가 등장한 이후, 대부분의 정치광고가 매디슨 거리에 위치한 광고 회사들에서 만들어졌다. 미국 드라마 〈매드맨〉(광고대행사가 몰려 있는 뉴욕의 매디슨 가 Madison avenue 와 ad men의 합성어이다. 〈매드맨〉 첫 장면에서도 알 수 있듯이, 매드맨이라는 말은 바로 그들이 만들었다)의 배경이 되는 곳이기도 하다.

치부하고 '사회 통합' '조화' '상생'을 말하는 주장들은 사실 '이 체제를 다루는 것은 우리가 알아서 할 테니 무지한 너희들은 가만히 있으라.'는 말의 다른 표현인 경우가 많다. 그러나 샤츠슈나이더가 지적했듯이 "보통의 시민은 갈등 체제를 통해 공적 사안에 관여한다." 갈등이 먼저 있고 통합과 조화가 있는 것이다.

한편 최근 정치나 사회운동에서 '소통'이 중요해지고 있으며, 소통의 수단으로 SNS나, 미국에서 유행했던 '타운 홀 미팅'과 유사한 열린 형식의 간담회 등이 주목받고 있다. 한국 사회에 갈등이 많아지는 것이 소통이 부족하기 때문이라며, 소통하고 대화하면 갈등이 줄어든다는 주장도 있으나, 필자는 이런 태도가 조금 위험하다고 생각한다. 물론 알린스키가 말하는, 상대의 경험에 의거한 진정한 의사소통이 이루어진다면 오해로 인해 발생하는 불필요한 갈등이 줄어들 수 있을지도 모른다. 그러나 갈등은 소통이 얼마나 잘되었고 어떻게 일이 추진되었는가에서 발생하는 '절차적인 문제'가 아니다. 소통은 갈등을 해결해 가는 과정에서 하나의 수단일 뿐이다. 이 사회에서, 우리가 중요하게 생각하는 주요 갈등이 발생하는 원인은 소통이 부족해서 생기는 오해와 같은

• "정치투쟁에 관한 문헌에서도 갈등의 범위 문제가 정면으로 다뤄진 적은 없다. 논쟁은 대개 이 문제와 관련이 있음에도 이를 인식하지 못한 채 절차적인 문제로만 다뤄지곤 했다." 『절반의 인민주권』, 48쪽.

것들이 아니다. 현실에는 집단 또는 계층·계급 간에 부딪힐 수밖에 없는 사회적 모순과 같은 것이 존재한다. 그리고 완전히 해결하는 것은 불가능하지만 이 다양한 집단들 간의 모순에서 발생하는 갈등을 잘 조율하고 타협해 가며 공동체의 이익을 도모해 가는 과정이 민주주의라 할 수 있다. 그러나 갈등이 소통의 부족에서 발생한다고 단순화해 버리면 마치 이 모든 중요한 모순과 원인들이 소통을 잘하지 못하는 사람들의 어리석음에서 초래된 것처럼 되어 버린다. 흔히 힘을 가진 쪽은 갈등이 오해 때문에 발생한다고 말하곤 하는데, 같은 맥락이다. 그 오해의 원인으로는 대체로 전문성과 객관성이 없는 약자들의 조급함과 무지가 지목된다. 공공 정책에 대한 전문성을 갖지 못한 평범한 다수의 사람들에게 소통의 기술을 교육하고 소통의 수단들을 손에 쥐어 주면 우리 사회의 주요 갈등들이 해결될까? 그렇지 않을 것이다. 노사 갈등이 소통의 부족에서 발생하는 것도 아닐 뿐더러, 우리의 미래를 결정하는 환경·에너지·복지 정책의 방향 등을 두고 벌어지는 갈등들이 소통의 문제에서 발생하는 것은 더더욱 아니다. 갈등은 서로 다른 가치관과 처한 위치의 차이에서 비롯되는 것이고, 이런 갈등을 직시하고 타협할 수 있는 방법을 찾아가는 것이 민주주의이고 진보라고 나는 생각한다.

어떤 소통인지도 짚어 볼 필요가 있다. 소셜 네트워크 서비스(이하 SNS)와 같은 공간에서 정치인이나 행정가가 누리꾼들이 직접 보내오는 메시지나 의견들에 잘 답변하고 반응하는 것이 과연 동료 시민들과의 진정한 소통일까? SNS라는 공간에서는 누구나 평등하다거나 이를 통해 전달되는 이야기들이 시민의 생생한 목소리라고 나는 생각하지 않는다. 그것은 SNS를 활용할 수 있는 사람들만의 목소리이며, 유명인들의 목소리이거나 작위적으로 조직된 목소리인 경우가 더 많다. 예를 들면 노동문제나 환경문제에 관심이 있는 한 지식인이나 유명인이 정치인이나 시장에게 보낸 SNS 메세지와, 노동조합이나 환경 단체의 항의가 어떻게 같은 수준의 소통이자 의미를 가질 수 있는지 필자는 이해할 수 없다. 그것이 소통이라고 이해되는 순간, 갈등에 기반한 민주주의라는 것은 허무해지고, 오히려 사회적 약자들은 자신의 목소리를 전달하기가 더 어려워진다. 민주주의에서 진정한 의사소통은 행정과 정부가 각 개인과 맺는 관계가 아니라고 나는 생각한다. 오히려 자신들의 이익이나 이해관계, 가치를 기반으로 결사한 집단과 관계하는 것이 더 중요하다. 이익 단체나 노동조합, 여타의 집단 등을 통해 갈등을 일으키는 방식으로 문제를 제기하고, 그 과정에서 타협해 가며, 서로의 대안과 가치관의 다양성이 성과를 만들어 가는 것이 민주주의의 의사소통 방식에 더 가깝다고 생각한다. 세상을 바꿔 나가고자 하는 사람들일수록 갈등을, 무언가 잘못되어 일어나는 것이라든지 무조건 줄여야 할 것으로 보지 말고, 갈등의 원인을 직시하고 솔직하게 다룰 수 있어야 한다.

여기서 '갈등 이론가'라고까지 불렸던 샤츠슈나이더가 갈등에 대해 지적했던 대목은 여러모로 곱씹어 볼 필요가 있다. 샤츠슈나이더는 "갈등이 민주주의의 엔진"이라고 말하면서 갈등을 둘러싼 힘의 역학을 이렇게 말한다. "사적인 갈등에서 경쟁자들 간 힘의 관계는 불평등하기 마련이므로, 당연히 가장 강력한 특수 이익은 사적인 해결을 원한다. 외부의 개입 없이 갈등이 사적인 채로 남아 있는 한, 강자가 갈등의 결과를 결정할 수 있기 때문이다. ……갈등을 사회화하고자 하는 사람, 즉 힘의 균형이 변할 때까지 더욱더 많은 사람들을 갈등에 끌어들이고자 하는 사람들은 약자이다." 이처럼 강자들이 원하는, '사적인 채로 남아 있는 갈등'은 그냥 일개 민원으로 전락한다. 그러나 더 많은 사람들이 참여하고 구경하게 된 '사회화된 갈등'은 사회문제로 발전한다. 세상을 바꾸는 일들의 첫 시작이 대부분 민원으로 전락할 만한 하나의 개인적 사건을 공동체가 함께 고민하고 해법을 모색해야 할 사회문제로 만드는 것임을 우리는 기억할 필요가 있다. 우리가 갈등을 직시하고 그것을 잘 다루어 나갈 수 있다면 이 체제 안에서도 충분히 현명하게 토론하고 논쟁하며 대안을 만들어 갈 수 있을 것이다.

흥미로운 것은 샤츠슈나이더와 마찬가지로 알린스키 역시 갈등을 민주주의의 핵심으로 보았으나 알린스키가 그 갈등을 '사회집단에 의한 정치적 동원'을 통해 정치적 압력을 가함으로써 세상을 바꿀 수 있다고 주장했다면, 샤츠슈나이더는 정당을 통해 갈등을 대표하는 것이 가장 유효하다고 결론 내린다. 대중운동을 중요하게 생각했던 알린스키와, 정당을 중요하게 생각했던 샤츠슈나이더의 차이라 할 수 있겠다. 알린스키가 정당 조직에 대해 어떤 입장이었는지는 알 수 없다. 다만, 정당과 같은 권력 조직들이 반드시 필요하며, 이를 적극적으로 활용해야 한다고 생각했던 것 같다. 그는 『급진주의자를 위한 규칙』 말미의 "가야 할 길"이라는 부분에서 1970년대 이후 미국의 민중운동이 가야 할 방향에 대한 자신의 견해를 제시하고 있는데, 여기에서 미국의 정치가 지나치게 '백만장자' 상층계급들 위주로 구성되어 있음을 비판하고 하위계층의 실질적인 대표를 가지는 것이 중요하다고 말한다. 이를 위해 "중산계급의 구성원들이 정치적 공직에 오르기 위한 선거운동을 할 수 있도록 공공 기금이 선거비용으로 사용 가능하게 되는 것"을 향후 중요한 운동 방향으로 제시한다거나, 로체스터 시에서 흑인 빈곤층 문제를 다룰 때 로버트 케네디 상원 의원을 적극적으로 활용한 것, 조직과 정치 활동을 강조한 것 등을 볼 때, 정당에 대해서도 적극적인 태도를 취했을 것이라 유추할 수 있을 뿐이다.

| 6 |

의사소통의 중요성

알린스키는 좀 다른 의미에서 의사소통의 중요성을 말하고 있다. 그가 다음 세대 젊은 활동가들에게 가장 많은 비판을 하고 있는 부분이 바로 의사소통에 관한 것이다. 알린스키는 책에서 "의사소통의 기술을 이해하지 못한 젊은 활동가들의 실패는 처참했다."라고까지 표현하고 있다. 특히 알린스키는 이른바 '구두선口頭禪식 급진주의자'rhetorical one를 가장 혐오하고 있다. 어떤 사람들을 말하는 것일까? "낡아 버린 옛 단어나 구호를 사용하고 경찰을 '돼지'라든지 '파시스트', 혹은 '쌍놈'motherfucker이라고 부르는 등의 방식으로 오히려 자기 자신을 정형화"시켜 사람들을 떠나가게 만드는 사람이라고 말한다. 이런 사람들은 현실의 변화를 만들어 내기보다는 자신의 분노를 표출하기에 바쁘며, 상대의 가치관을 온전히 존중하지 않은 채 자신의 가치를 강요하기에 바쁘다. 자신의 가치관과 대안으로 설득하기보다는 상대에 대한 저열한 조롱과 비난을 반복함으로써, 삶의 실질적인 변화를 기대하는 많은 평범한 사람들을 실망시키고 등 돌리게 만든다. 알린스키가 50여 년 전에 지적한 미국의 모습은 어쩐지 2015년 한국 진보 진영의 모습을 돌아보게 만든다. '닭그네' '쥐새끼' '견찰' '섹검' 따위의 단어는 풍자의 수준을 훨씬 넘어서 있다.* 여성에 대한 비하를 서슴지 않는 경우도 많다. 물론 일베와 같은 상대 진영에도 무차별적인 인권유린과 조롱이 존재한다. 그러나 그들에게 일방적인 증오를 표출하는 것이 진보의 길은 아니다. 그런 증오의 표출이 우리 편이 승리할 가능성을 높이거나 단결을 강화해 주는 것도 아니다. 이 때문에 알린스키는 의사소통이란 상대방의 경험 안에서 이루어지는 것임을 거듭 강조한다. 알린스키는 "경험의 상세한 부분에까지 파고들지 않은 개괄적으로 이루어지는 소통은 미사여구가 되고, 아주 제한된 의미만을 전달한다. 이는 25만 명의 죽음(이는 통계가 된다)을 아는 것과 친한 친구나 사랑하는 사람 혹은 친척의 죽음을 아는 것 사이의 차이다. 뒤의 경우에 그것은 비극적 종말이

---

* 알린스키가 로체스터 시에서 코닥 회사와 싸울 때의 일이다. 그는 이사의 이름이 인종차별주의자로 유명했던 앨라배마 주지사 '월리스'와 동명이인임을 상기시키며, "어느 월리스에 대해 말하고 있는 겁니까? 앨라배마의 월리스, 아니면 로체스터의 월리스? 하지만 내 생각에는 별 차이가 없을 것 같군요."라든지 "코닥 회사가 미국 내 인종 문제와 관련하여 유일하게 한 일은 컬러필름을 도입했다는 것입니다."라며 풍자했다고 한다.

가져다주는 완전히 감정적인 충격이 된다."라고 말한다. 마치 일본의 유명한 코미디언이자 영화감독인 기타노 다케시가 동일본 대지진을 두고 "이 지진을 '2만 명이 죽은 하나의 사건'으로 생각하면 피해자를 전혀 이해하지 못한다. '한 사람이 죽은 사건이 2만 건 있었다'라는 거다. 2만 가지 죽음에 각각 몸이 찢어지는 듯한 고통을 느끼는 사람들이 있다."라고 말한 것과 같은 의미다.

얼마 전 한 집회에서 젊은 청년이 정부에 항의하는 의미로 태극기에 불을 붙여 논란이 되었다. 보수적 논조의 신문들은 그 사진을 1면에 실어 국가를 부정하는 행동이라 비난했다. SNS나 인터넷 커뮤니티들에서도 갑론을박이 오갔다. 표현의 자유에 해당하기 때문에 문제가 없다는 의견에서부터 '분별없는 행위'라는 의견까지 다양한 논란이 있었다. 흥미롭게도 50여 년 전 알린스키 역시 미국 국기를 소각하는 시위대에 대해 의견을 밝힌 바 있다. 미국의 시위대 역시 1960년대부터 성조기를 불태우는 방식으로 항의를 표시했기 때문이다. 알린스키는 이를 의사소통의 문제로 보았다. 그는 "타인의 가치관을 온전히 존중해야 한다는 근본적 개념에 대한 가장 기초적인 이해만 있었어도, 미국 국기에 대한 공격은 제외되었을 것이다. 책임감 있는 조직가는 국기 자체는 여전히 미국의 희망과 포부에 대한 영광스러운 상징으로 남아 있는 반면 국기를 배신한 것은 정부라는 점을 알아차리고는, 이러한 메시지를 청중에게 전달했을 것이다."라고 말한다. 물론 성조기나 태극기를 불태우는 것 역시 표현의 자유에 해당할 수 있다. 미국의 연방대법원 역시 1984년 공화당 전당대회장 앞에서 항의의 표시로 성조기를 불태운 행동에 대해 "미국의 국기는 그 국기를 불태울 수 있는 자유와 이에 대한 관용"까지 상징한다며 수정헌법 제1조가 보호하는 표현의 자유에 해당한다고 판결하기도 했다.

그러나 현실에서 집회라는 것이 메시지를 표현하는 것과 더불어 그것을 통해 의사소통하는 민주주의의 한 방식이라는 점을 인정한다면 태극기를 불태운 것은 온전한 의사소통이라고 볼 수는 없을 것이다. 물론 상대와 소통하는 것이 아니라 상대를 없애 버리거나 모욕하는 것이 목적이라고 말한다면 할 말은 없다. 그러나 그렇게 말하는 순간 그것은 민주주의 밖의 이야기가 되어 버린다. 그리고 아직 행동에 나서지는 못하지만 그 집회와 항의의 취지를 지지하거나 공감하는 사람들을 떠나게 만들 것이다. 알린스키가 계속 강조하듯이 모든 행동과 표현은 더 많은 사람들과 함께 하기 위한 과정임을 기억할 필요가 있다.

몇 년 전 필자가 겪었던 한 사연을 통해 의사소통이라는 것이 상대의 어떤 경험을 고려하고 고민해야 하는지 함께 생각해 봤으면 한다.

• 연방대법원의 해당 판결은 국가 상징물에 대한 모독 행위를 금지하고 있던 텍사스 주 법률에 대해 위헌판결을 내린 것이다. L. 레너크 캐스터·사이먼 정, 『미국을 발칵 뒤집은 판결』(현암사, 2012), 31쪽 참조.

2008년 초 이명박 전 대통령은 현충원 방명록에 글을 남기다가 '습니다'를 '읍니다'로 적었다. 대통령이 맞춤법도 모른 채 영어 몰입 교육이니 뭐니 말한다며 진보 또는 야권(?) 지지자들은 야유를 퍼부었다.

그리고 몇 개월 후 '초등학교 졸업'이 최종 학력이며, 평생을 노동자로 살아온 작은 체구의 모 국회의원과, 촛불로 가득 찬 광장에 서 있을 때였다. 커다란 하얀 천에 사람들이 매직으로 "국민들의 바람"이라는 형식으로 한마디씩 쓰는 '이벤트'가 집회 와중에 열렸다. 카메라도 많았고 시민들도 많이 모여 있었다. 문장 전체가 기억나지는 않지만 의원은 "국민들의 마음을 잊지 않겠읍니다."라고 적었다. 몇 달 전 대통령에 대한 우리 편(?)들의 야유를 기억하는 나는 화들짝 놀라 빨리 수정하라고 말씀드리려 했지만 내 옆의, 오랫동안 그와 함께 해 왔던 사람은 '괜찮다'며 조금도 부끄러운 일이 아니라고 오히려 나를 말렸다. 문득 생각해 보니 맞춤법 따위는 중요한 게 아니었다.

어쩌면 명문대를 나온 엘리트 출신 대통령의 맞춤법과, 초등학교만 졸업한 채 청소부로 살아온 노동자 국회의원의 맞춤법을 같은 선상에 놓고 이야기할 수 없을지도 모른다. 그럼에도 불구하고 나는 그 상황을 바라보던 평범한 어머니, 아버지 세대들의 마음이 신경 쓰인다. 생각해 보면 그 연배의 많은 이들은 잘해야 중학교 졸업이 학력의 전부다. 더구나 고작 20여 년 전까지만 해도 맞춤법상 '읍니다'가 맞았고, 그 이후 맞춤법 변화에 적응할 수 있었던 사람들을 따져 봐도 어쩌면 우리 사회의 평범한 다수는 아니었을지도 모른다.

당시 대통령의 맞춤법이 틀린 것을 꼬집던 우리 편의 야유와 비아냥거림이 다른 한편에서 누군가에게 모멸감을 주지는 않았을까? 그 다른 편에서 모멸감을 느꼈을지도 모르는 이들은 '보수'나 '여권 지지자' 따위가 아니라, 그냥 배고프고 힘들었던 그 시절을 열심히 살아 내 왔던 우리 '평범한' 어머니, 아버지들은 아니었을까. 나는 아들 때문에 늘 야당을 찍으시는 경상도 출신의 우리 어머니가 '읍니다'와 '습니다'를 정확하게 구분하실지 잘 모르겠다. 아마도 그때부터였던 것 같다. 우리 편들이 내뱉는 무식하다는 조롱, 유치하고 촌스럽다는 식의 비아냥거림이 불편해진 것은……

독자들은 어떠한가? 언제부턴가 우리 사회에서 진보라고 말하는 사람들의 언어가 공격적이고 저급해졌다는 고민을 해보지 않았는지? 그런 언어와 행태가 문제인 것은 단순한 윤리성의 문제가 아니다. 언어가 나빠질수록 사실 우리는 우리가 대표해야 할 더 많은 사람들의 목소리를 외면하는 것이다. 진보는 젊은 세대만의 것도 아니고 야권 지지자들만의 것도 아니다. 진보란 한 사회에서 약자의 위치에 있는 다수의 사람들을 위한 것이고, 실상 그 다수의 사람들은 대부분 맞춤법 따위에 익숙하지도, 문화적으로 세련되지도 않았다. 하루하루를 지루히고 고되게 살아가고 있는 그들의 경험과 소통하지 않는 진보가 어떤 의미가 있을지 필자는 잘 모르겠다. 알린스키가 강조하는 '상대의 경험에 기반한 의사소통'

은 더 많은 사람과 함께하기 위해 다양한 방법을 모색하는 데에도 마찬가지로 중요하다.

알린스키가 필름 시장에서 독점적 위치에 있던 코닥 회사와 싸울 때 불매운동이라는 방식을 선택하지 않았던 이유를 설명한 대목은 인상적이다. 그 이유는 사진을 찍으려면 코닥 회사의 필름을 살 수밖에 없는데 일방적인 도덕에 호소하는 불매운동은 사실상 "미국인들에게 아기들이 태어나고 아이들이 학교를 졸업하고 생일 파티를 열고 결혼하고 소풍을 가는 동안"에 사진을 찍지 말아 달라고 요청하는 것이기에 결코 작동할 수 없으리라 생각했기 때문이다.

세상의 변화를 바라는 우리에게는 더 중요한 어떤 가치들이 있을 수 있다. 노동, 환경, 평등과 같은 것들 말이다. 그리고 어떤 상황에서 사람들은 이런 가치들을 위해 자신의 생활에서 중요한 다른 가치들을 희생할 수도 있을 것이다. 평범한 사람들의 삶에서 '더 중요한 가치'란 매우 다양하다. 누군가에게는 가족이 당장 평등이나 노동보다 중요할 수 있다. 다른 누군가에게 그것은 사랑일지도 모른다. 상대방의 다양한 가치관들을 온전히 인정하고 이해하는 바탕 위에서 세상을 바꿔 나가야 한다면, 우리의 행동 방식에서도 상대가 중요하게 생각하는 가치들을 훼손하거나 불편하게 하지 않는 방법을 고민해 볼 필요가 있다고 생각한다.

물론 의사소통이라는 것이 늘 상대의 경험 안으로 들어가야 하는 경우만 있는 것은 아니다. 사회적 갈등을 다루는 싸움을 하는 사람은, 완전히 다른 경험과 삶을 살아온, 그래서 서로 다른 가치관을 지향하는 사람들과 마주하게 될 때가 많기 때문이다. 알린스키에 따르면 "협상에서처럼 설득을 위한 소통은 다른 사람의 개인 경험 영역 안으로 들어가는 것 이상을 의미한다. 이는 상대방의 중요 가치나 목표를 알아내고 당신의 행동 방침을 바로 그 표적에 맞추는 것이다. 당신은 어떤 쟁점의 합리적인 사실이나 윤리에만 단순히 기초해서는 어느 누구와도 소통을 할 수 없다."고 말한다. 이는 진보와 보수 간의 대화, 노동조합과 회사의 교섭 등 서로 가치관이 다른 집단들 간의 소통에서 고민해 볼 필요가 있는 부분이다.

민주주의란 상대의 가치관을 온전히 인정하는 바탕 위에서, 소통을 통해 더 나은 대안을 찾아가는 것이다. 보수는 없어져야 할 존재가 아니며 기업 역시 마찬가지다. 체제 안에서 일하는 방법으로 세상을 변화시켜 나간다고 한다면, 우리가 인정해야 할 가장 첫 번째는 사실은 체제 안에서는 타도의 대상도 제거의 대상도 없다는 것이다. 민주주의 안에서는 각자의 윤리가 다르고 소중히 여기는 가치가 다르다. 오로지 더 나은 대안으로 설득하고, 그것을 통해 서로가 변화하고 발전해 나간다는 것이 유일한 싸움의 규칙이다. 따라서 가치관이 다를 때 상대를 설득해야 한다면 소통의 기초는 자신이 믿는 '윤리'가 아니다. 상대의 가치에서도 충분히 통용되는 대안으로 설득하는 것이 민주주의적 소통이라 할 수 있을 것이다. 노동조합은 회사가 추구하는 가치인 이윤과 효율성에 대해 더 나은 대안으로 설득하고, 회사 역시 노동조합이 추구하는, 노동의 인간화에 대한 더 나은 대안으로 설득해야 한다. 진보와 보수도 마찬가지라 할 수 있을 것이다.

　이런 면에서 알린스키의 영향을 받은 미국의 오바마 대통령이 미국에서 가장 예민한 이슈인 낙태 문제에 대해 한 연설을 참고해 보는 것이 좋을 것 같다. 2009년 가톨릭계 대학인 노트르담 대학에서 오바마 대통령이 명예 학위를 수여받는 자리였다. 대법관 임명을 앞두고 낙태 문제가 미국의 가장 큰 이슈가 되어 있었다. 오바마가 연설을 하기 전부터 이미 큰 논란이 계속되었고, 졸업식장 앞에서 낙태 반대주의자 3백여 명의 격렬한 시위가 있었으며, 27명이 경찰에 체포되기도 했다. 그 논란의 중심에서 오바마 대통령은 이런 연설을 한다.

"누구도 낙태가 더 많아지기를 바라지 않는다. …… 낙태 찬반 여부에 대해 합의를 이루어 내지 못할지도 모른다. 하지만 낙태를 결정한 여성에게 그것은 도덕적으로나 영적으로 매우 고통스러운 일이었을 것이라는 점에는 서로 동의할 수 있다. 원치 않는 임신으로 인해 낙태를 할 수밖에 없는 여성들의 수를 줄이는 데 함께 힘을 합치자. 그리고 입양을 더 늘릴 수 있는 방법을 강구하자. 혼자서 아이를 키우는 여성들에게 필요한 사회보장제도를 제공하자. 낙태에 반대하는 사람들의 양심을 존중하자. 그래서 자신의 양심에 따라 낙태 시술을 거부할 수 있는 합리적인 '양심 법안'을 발의하자. 그리고 우리의 모든 의료 정책이 여성의 자기 결정권에 대한 존중뿐 아니라 명확한 윤리학과 건전한 과학에 기반을 두게 하자."

멋지지 않은가? 우리 정치나 사회운동에도 이런 연설과 언어가 더 많아졌으면 하는 마음이다. 상대를 공격하는 언어보다 설득하는 언어가 더 많아졌으면 한다. 윤리적으로 바른 태도라서가 아니다. 그것이 더 많은 사람을 설득하고 종국적으로 '우리'라고 이야기되는 사람들에게 더 많은 힘을 가져다줄 수 있는 방법이기 때문이다. 민주주의 사회에서는 결국 사회적 약자들의 수數를 모으지 않으면 안 된다. 자본주의에서는 자본이 많은 쪽이 힘을 가지며, 권력 도구들 다수가 힘 있는 특정 계층에 쏠려 있다는 사실은 수백 년 역사를 통해 우리가 목도해 온 현실이다. 다만 민주주의라는 방식을 통해 평범한 사람들의 수를 모음으로써 이 불평등한 문제들을 다소나마 해결해 갈 수 있다면, 그 수를 모으기 위한 첫걸음은 진심을 전달하고 함께할 수 있도록 하는 좋은 의사소통에서 출발한다고 생각하기 때문이다. 마지막으로 청년유니온이라는 청년 세대 노동조합의 위원장이 최저임금을 결정하는 최저임금위원회 회의석상에서 한 발언을 소개하고자 한다. 자기 세대의 진솔한 고민과 그를 뒷받침하는 통계, 그리고 상대를 공격하기보다 설득하고 함께 고민해 보자는 자세가 담겨 있는 좋은 연설문이라고 생각한다. 참고로 이 연설을 한 친구는 25살에 불과하다. 나는 이런 연설을 할 수 있는 다음 세대가 더 많아졌으면 하는 마음을 진심으로 가지고 있다.

최저임금과 국민경제의 선순환을 논하는 최저임금위원회에 청년 당사자를 대표하여 진술하게 되어 대단히 기쁘게 생각합니다. 이 자리를 마련해 주신 최저임금 위원 분들께 진심으로 감사의 뜻을 전합니다.

저는 짧지 않은 기간 동안 커피 전문점에서 일을 하며 생활을 꾸려 왔습니다. 하루 8시간 온종일 서서 커피를 만들고, 과일을 썰고, 빵을 굽고, 청소를 하고, 술 취한 손님 분들이 토해 낸 구역질을 닦아내는 것은 모두 저의 역할이었습니다. 어쩌다 손님이 몰리는 날에는 밥 먹을 시간이 없기도 합니다. 장시간 육체노동의 고달픔에 배고픔까지 겹치면 인간의 이성은 작동되지 않습니다. 그럴 때면 설거지를 하는 중간중간 손님들이 남기고 간 빵 덩어리를 몰래 집어먹기도 했습니다. 손으로는 수세미를 들고, 입으로는 식빵을 씹으며 생각했습니다. 아, 이렇게 1시간을 일해도 내가 매일 수 백잔씩 만드는 커피 한 잔을 못 사 먹는구나.

저희 조합원 중에 별명이 알바천국인 친구가 있습니다. 그는 고등학교를 졸업한 이래 해보지 않은 일이 없습니다. 부모님이 경제활동을 할 형편이 안 되어 너무 이른 나이부터 가정의 생계를 책임져야 했던 그에게 최저임금은 젊은 시절 잠깐의 경험이 아니라 삶의 치열함 그 자체입니다. 저는 이 친구가 오늘의 어려움을 꿋꿋하게 이겨내고 앞으로의 삶이 행복하기를 소망합니다. 그러나 우리 사회는 이 작은 소망을 허락하지 않습니다. 이 친구가 받는 소득은 턱없이 작고, 이 친구가 부담해야 할 삶의 비용은 턱없이 높기 때문입니다.

최저임금을 받으면서 생활하는 소득 1분위의 청년 가구주들은 월 소득의 절반 이상을 주거비용으로 지불합니다. 청년 1인 가구의 36.2퍼센트가 주거 빈곤층입니다. 젊은이들 3명 중 1명이 옥탑방과 반지하, 창문 없는 고시원에서 살고 있는 것입니다. 3명 중 1명이 말입니다!

20대 대학생 절반이 등록금을 내기 위해 학자금 대출을 받습니다. 이 중에서 절반은 학자금뿐 아니라 생계를 위해 생활비 대출과 제2금융권을 이용합니다. 20대 청년들이 이런 식으로 사회생활을 시작하기도 전에 지는 빚의 규모가 평균 1천7백만 원입니다. 또 이들은 학자금과 생활비 마련을 위해 학업과 아르바이트를 병행합니다. 그리고 공부와 아르바이트를 병행한 학생들은 그렇지 않은 학생에 비해 학업 성취도가 떨어집니다.

이들이 대학 졸업 이후 부족했던 공부와 훈련을 충분히 만회하며 취업을 준비할 수 있을까요. 절대 그렇지 않습니다. 눈 깜박 하고 나면 학자금 대출 상환일이 돌아옵니다. 결국 이들을 기다리는 것은 그 이름도 유명한 묻지마 취업입니다. 학업과 아르바이트를 병행하는 청년들. 이들이 1시간 덜 일하고, 1시간 더 자신의 삶에 투사하게 해야 합니다. 이는 청년들의 삶을 살리고, 이들을 고용하는 기업의 경쟁력을 살리고, 결국에는 이 나라의 경제를 살릴 수 있는 유일한 길입니다. 최저임금을 대폭 인상해야 합니다.

자식이 부모로부터 세습 받아야 하는 것은 디엔에이(DNA)와 사랑이지 가난과 절망이 아닙니다. 그러나 오늘의 현실은 어떻습니까. 수많은 젊은이들이 부모의 절망을 대물림 받습니다. 수많은 젊은이들이 낮은 소득과 높은 삶의 비용이라는 빈곤의 악순환에 갇혀 있습니다. 커피숍에서 한 달 일하면 1백만 원 받고, 1년 일하면 1천2백만 원 받습니다. 이 중에서 방값으로 1년에 5백만 원, 1년 대출 상환 2백만 원, 차떼고 포 떼면 빚만 남습니다. 우리 청춘들은 마이너스 인생입니다. 마이너스 청춘은 우리 사회의 지속 가능성을 위협하는 최대 리스크입니다. 청년들이 미래의 주역이다. 대한민국의 희망이다, 말로만 하지 마시고 이 빈곤의 악순환을 여기 계신 위원 분들께서 끊어주셔야 합니다. 최저임금을 대폭 인상해야 합니다.

이 나라의 산업화와 경제성장을 위해 힘 써오신 사용자 위원 분들께 한 말씀 여쭙고자 합니다. 중소기업과 프랜차이즈 브랜드를 대표해서 본부장님과 회장님 자리하고 계신데요. 재계는 중소기업과 상생하는 경제민주화 정책에 반대 입장을 취하고 있습니다. 그러면서 최저임금 동결을 주장하십니다. 이유를 물어보니 중소기업이 어려워지기 때문이라고 하십니다. 이거 뭔가 좀 이상하지 않습니까. 제가 과문한 탓인지 이 논리적 모순을 이해할 수 없습니다. 있다가 이 부분에 대해서 설명해 주시면 좋겠습니다.

존경하는 최저임금 위원 분들께 한 말씀 올리는 것으로 저의 진술을 마치고자 합니다. 한 나라의 최저임금을 결정하는 중대사를 맡는 어려움이 클 것으로 생각됩니다. 더욱이 첨예한 쟁점이 붙는 사안이지 않습니까. 그러나 어려운 문제일수록, 첨예한 문제일수록 해답은 가까운 곳에 있습니다. 바로 현장입니다. 최저임금을 받으며 살아가는 사람들의 삶, 땀 흘려 일하는 평범한 보통 사람들의 삶에 해답이 있습니다.

최저임금을 받는 저희 젊은 세대들. 학업과 아르바이트를 병행하며 부모의 가난을 대물림 받는 청년들. 구로와 가산에서 밤을 지새우며 자신이 맡은 소임을 기어코 해내는 젊은이들. 하나 같이 똑똑하고 훌륭한 인물들입니다. 단군 이래 최대의 스펙과 학력, 탁월한 문화적 감각과, 공동체의 문제를 바라보는 균형 감각, 미래에 대한 비전과 열정을 갖추었습니다. 앞으로 이 나라의 20년, 30년을 맡기기에 손색이 없는 세대입니다.

그런 젊은 세대들이 이 나라에서의 삶을 회의하고 있습니다. 젊은 세대의 65퍼센트가 답했습니다. 할 수만 있다면 이 나라를 떠나고 싶다고. 2030세대 사망 원인의 압도적 1위는 자살입니다. 오늘의 청년들은 사랑하는 연인과의 결혼을 망설이고 아이 낳기를 주저합니다.

청년이 삶을 회의하는 국가에 미래는 없습니다. 청년들이 숨통을 틸 수 있도록 공간을 열어 줄 것인가. 아니면 이들을 절망 속에 그대로 방치할 것인가. 바로 이 자리에서 결정됩니다. 최저임금 위원 분들께서 현명하게 판단해 주실 것을 기대합니다. 감사합니다.

_김민수 청년유니온 위원장

필자는 이 연설문을 읽고, 상대를 조롱하기보다 존중하며 분노를 날것으로 던지기보다 자신의 생각을 적절한 통계와 구체적인 사례로 설득하려는 자세가 좋았다. 독자들은 어떻게 느꼈는지 모르겠다. 조금 밋밋하다고 느낀 사람도 있을 것이다. 누군가 25살 젊은이의 '발칙한 패기'라든가, 최저임금 인상을 반대하는 사용자 위원들에 대한 '화끈한 조롱'이 있었으면 좋았겠다고 말하기도 했다. 이해가 가지 않는 것은 아니다. 그러나 나는 발칙함보다는 진솔함이, 조롱보다는 존중이 좀 더 오래가고, 자극적인 구호보다는 담백한 현실 사례와 숫자가 좀 더 넓게 퍼질 수 있다고 생각한다. 더 많은 사람과 함께하는 것이 진보가 세상을 변화시킬 수 있는 유일한 길이라면 조금 밋밋한 방법을 택해도 아쉽다는 생각은 들지 않는다.

| 7 |

수단과 목적

"비도적적 환경에서는 도덕적 의무의 성격이 달라진다는 사실"
_니콜로 마키아벨리

처음 알린스키의 책을 읽으면서 가장 많은 사람들이 인상 깊게 읽은 부분으로 꼽지만, 그 이상으로 오해하는 부분이 바로 수단과 목적에 관한 글이다. 알린스키가 수단과 목적에 관해 언급한 부분을 읽으면 아마 대부분의 사람들이 마키아벨리를 떠올릴 것이다. 적극적 행동주의와, 목적을 위해 때로 윤리적으로 논란이 있는 수단도 마다하지 않아야 하며, 상황에 따라 사용해야 하는 수단도 달라져야 한다는 알린스키의 지론은 당연하게도 마키아벨리의 사상과 깊은 연관이 있다고 할 수 있겠다.

앞에서는 알린스키를 이해하기 위해 다른 책들을 함께 볼 것을 추천했지만, 여기에서는 반대로 다른 책을 더 잘 이해하기 위해 알린스키를 볼 것을 추천한다. 그 책은 물론 마키아벨리의『군주론』이다. 아마도 가장 논란이 많고 그만큼 가장 오해를 많이 받아 온 마키아벨리의『군주론』은 또 그만큼 이해하기 어렵고 복잡하고 논쟁적인 주장들로 가득하다. 그러나 알린스키의 책을 읽고『군주론』을 본다면 오히려 마키아벨리가 얼마나 자신의 조국을 사랑했고 그것을 지키고 싶어했는지 그 실천적 고뇌들을 더 깊이 이해할 수 있을 것이다.

알린스키 역시『군주론』을 읽었다. 그의 책에서『군주론』의 현실주의적인 태도와 행동 지침 등 유사한 부분들을 많이 발견할 수 있으며『군주론』의 내용도 자주 인용된다. 그러나 그는 책에서 "정치는 도덕과 아무 관련이 없다."고 말한 마키아벨리를 때로 비판적으로 말한다. 알린스키는 오히려 모든 수단은 도덕적 합리화가 필요하다고 말하는데, "모든 효과적인 행동은 도덕성이라는 통행증을 필요로 한다."는 것이다. 적극적으로, 자신의 수단을 도덕적으로 합리화해야 하며, 그래야만 사람들을 설득할 수 있다고 말한다.

그러나 마키아벨리가 정치와 도덕이 아무런 관련이 없으며 도덕을 정치에서 불필요한 것으로 보았던 것은 아니다. 알린스키 역시 마키아벨리를 조금 오해한 것이 아닌가 생각한다. 이에 대해 최장집 교수는 이렇게 말한다. "그것들을 어떤 정치 행위이든 원하는 목표를 실현하는 데 기여하는 한 정당화된다고 말하는 것으로 해석할 수는 없다. 오로지 수단 합리성만 다루는 정치 이론은 상상할 수 없다. 마키아벨리는 특정의 정치적 목적을 상정하면서, 모든 정치적 수단이 정당화될 수 있다고 믿지 않았으며, 정치와 도덕이 완전히 분리될 수 있다고 보지도 않았다. 자신과 국가를 지키고자 하는 군주라면 일반에서 통용되는 도덕적 규범을 무시해서는 안 될 것이고, 그런 규범이 실천될 수 있는 조건이라면 응당 그에 따라야 함을 말했다. 다만 어떤 행위가 정치 영역으로 들어오는 순간, 정치적 불가피성의 제약이 있고 그에 따른 행위의 규칙을 익혀야 함을 강조하려 했다."고 말한다. 말하자면 마키아벨리는 최초로 정치와 도덕의 관계에서 정치의 자율성을 말한 것이다. 이런 측면에서 마키아벨리와 알린스키는 사실 크게 다르지 않다. 알린스키 역시 수도원에서나 통하는 교리나 도덕으로 현실의 정치와 갈등을 말하는 것을 비판하기 때문이다.

알린스키가 "수단과 목적"의 문제를 다루는 것은 마키아벨리가 그의 책 『군주론』에서 네체시타necessita, 우리말로 '불가피성'에 해당하는 문제들을 다룬 것과 같은 맥락이라 할 수 있다. 계속해서 언급하지만 현실의 세계는 우리가 동화 속에서 만나는 그런 세계와 다르다. 현실에서 우리가 목도하는 상황들, 특히 변화를 추구하는 활동가가 대면하게 되는 상황들은 매우 모순적일 때가 많다. 어떤 목적을 달성하기 위해 때로는 비도덕적으로 여겨질 수 있는 수단을 사용해야 할지 고민하게 된다거나, 특정 수단 말고는 사용할 수 있는 수단이 없음에도 불구하고 망설이게 되는 것처럼 말이다. 그래서 알린스키는 "실질적인 행동 과정에서는 개인적인 양심에 부합할 뿐만 아니라 인류에게 이득이 되는 결정이라는 사치를 부릴 수 있는 상황만 존재하지는 않는다."라고 말한다. 알린스키는 이런 딜레마에 처했을 때 고뇌하는 것보다 과감하게 행동하는 쪽을 강조한다. 아무것도 선택하지 않으면서, 고뇌한다는 미명하에 행동하지 않고 침묵하는 것이야말로 범죄에 가까운 것이라고 비난하기도 한다. 마키아벨리 역시 『군주론』에서, 적극적 행동주의야말로 정치에서 가장 필요한 것이라고 보았다.

> "무엇을 행해야만 하는가 하는 문제에 매달려 실제로 행해지는 문제를 소홀히 하는 사람은 자신을 지키기보다는 파멸로 이끌리기 쉽다. 어떤 상황에서도 착하게 행동할 것을 고집하는 사람이 착하지 않은 많은 사람들 속에 있으면 반드시 파멸하게 된다."

마키아벨리가 말한 대로 적극적인 행동에 나서는 것은 중요하다. 하지만 대부분의 상황에서는 추구하는 목적을 달성하기 위해 어떤 수단을 어떤 상황에서 사용할 것인가가 실천적인 문제로 대두된다. 그런 측면에서 알린스키는 수단과 목적의 관계를 다루면서, 실천적으로 고민하고 적극적으로 행동하라고 말한다. 누군가 이렇게 물을 수 있다. 적극적으로 행동해야 하는데 그 수단이 다소 비도덕적이라면 어떻게 해야 하는가? 마키아벨리는 "군주는 악덕을 말미암아 국가를 잃는 오명을 뒤집어쓰지 않을 만큼은 현명해야 하며, 설령 국가의 상실을 초래하지 않는 정도의 악덕이라 해도, 가급적 악덕을 피해야 한다. 그러나 악덕을 피하는 것이 불가능하다면, 크게 신경 쓰지 말고 자신의 일을 계속해도 좋다. 사실 악덕 없이 국가를 구하기 어려운 상황이라면, 그런 악덕으로 인해 오명을 뒤집어쓰는 일에 개의치 않아야 할 것이다"(『군주론』 15장)라며, 불가피성의 요구에 따라 과감하게 행동하라고 말한다. 알린스키는 '나의 원칙을 더럽히느니 패배를 택하겠다.'라고 말하는 것은 너무나 한심하고 불행한 일이라며, "역사의 맥락 속으로 들어감으로써 스스로를 더럽히는 것을 두려워함은 미덕이 아니라 미덕을 회피하는 방법이다."라는 자크 마리탱Jacques Maritain의 말을 인용한다. 그러면서 과감하게 그 비도덕적인 수단을 사용하라고 말한다. 그리고 그 또는 그녀가 겪을 도덕적 괴로움에 대해서도 친절하게 조언한다. "사실 도덕이라는 그 커다란 천사의 날개를 이불로 잘 덮는 것은 시간이 걸리는 일이기 때문에 잠드는데 어려움을 겪을지도 모르겠다." 다만, 그뿐이다.

1. 수단과 목적의 윤리

"수단과 목적의 윤리에 대한 사람의 관심은 이슈에 대한 그의 개인적 이해관계에 반비례한다."

필자가 알린스키의 이 문장을 읽었을 때 탄성을 금치 못했던 기억이 있다. 알린스키가 인용한 라 로쉬푸코François de La Rochefoucauld의 다음 문장도 마찬가지인데 "우리는 모두 타인의 불행을 견뎌내기에는 충분한 힘을 가지고 있다." 이는 마치 불편한 진실과도 같다. 그러나 순수하고 아름다운 열정이 모이는 어떤 순간들에 우리가 지나치게 흥분하고 감상에 젖은 나머지 종종 잊어버리는 진실이기도 하다. 그래서 알린스키는 현실적으로 사람들에게 도덕적 명분이나 정의감 같은 것으로 자신의 싸움을 계속해 나가는 것보다, 정치적으로 고민하고 적극적으로 수단과 목적의 관계를 이해할 필요가 있다고 본 것이다.

어떤 비극적 상황, 너무나도 부도덕한 상황에 처하면 대부분의 선한 사람들은 분노를 금치 못한다. 그리고 그 순간에는 깊이 슬퍼할지도 모른다. 그러나 분노와 슬픔은 때로 아니 대부분의 경우 자신이 처해 있는 안락한 상황 또는 고단한 현실을 넘지 못한다. 그렇기에 어떤 싸움들은 비록 매우 정당한 싸움이었고 많은 사람들의 지지를 받지만 시간이 지날수록 특별한 이해관계가 없는 사람들의 관심에서 멀어지게 마련인 것이다. 그리고 그 갈등의 현장에서 멀어질수록 사람들은 목적보다는 수단의 윤리성에 더 많은 관심을 가지게 된다. 때로 지식인들이 한 사회의 갈등에 대해서 중립적인 척하며 수단의 윤리성에 대해 평론하는 것을 종종 보게 된다. 이 역시 그 지식인들이 해당 갈등과 큰 이해관계가 없는 사람이기 때문인 경우가 많다.* 반대로 말하면 어떤 갈등을 조직해서 그것을 해결하고자 하는 사람은 그 갈등의 현장에서 최대한 많은 사람들이 떠나지 않도록 또는 그 갈등에 다양한 사람들이 이해관계를 가질 수 있도록 다양한 수단을 동원하여 끊임없이 관심을 촉발해야만 한다. 그것이 잘되지 않았을 때 당사자들이 선택할 수 있는 수단은, 일부 언론에서 말하는 극단적 투쟁이라는 제한된 방법밖에 남지 않게 된다. 그것에 대해서 윤리적 문제를 따지는 것은 불필요하다. 알린스키의 말대로 "윤리에 대한 관심은 이용 가능한 수단의 숫자에 비례해서 커지며, 그 역 또한 성립"하기 때문이다. 마크 트웨인의 말처럼 당신이 "네 개의 에이스를 들고 있는 침착한 기독교인"이 아닌 바에야 사용할 수 있는 수단이 남지 않은 사람들에게 수단을 선택하는 일은 윤리의 문제를 넘어서게 되는 경우가 많기 때문이다. 물론 알린스키는 어떤 갈등이 선택할 수 있는 수단이 극히 제한되는 상황으로 치닫는 경우는 패배가 임박한 것이며, 이를 바람직하게 보지 않았다. 다만 어쩔 수 없이 그런 상황에 처했을 때 사람들이 겪는 도덕적 고뇌보다 더 중요한 것은 실천적 행동과 그를 통한 결과라고 말하고 있다.

• 미친기지로 진쟁과 같은 득수한 상황에서 윤리는 전혀 다른 문제가 된다고 알린스키는 말한다. 그는 처칠의 일화를 예로 드는데 반공주의자였던 처칠은 "만약 히틀러가 지옥을 침공한다면, 나는 하원에서 악마에 대해 적어도 우호적인 발언을 할 것이다."라고 하며 소련과 동맹을 맺는다.

이에 대해 알린스키가 소개한 자신의 일화는 인상적이다. 한 대기업과 싸우고 있던 중 알린스키는 한 여성과의 추문에 휩싸인다. 그리고 우연히 그 대기업의 내부고발자가 알린스키에게 다가와 대기업 회장의 '추문'을 제보한다. 하지만 알린스키는 "누군가의 사생활을 진흙탕 속으로 끌어들이는 것은 혐오스럽다."고 하며 그 제보를 사용하지 않겠다고 한다. 그러나 흥미로운 것은 알린스키가 이후에 이를 자평한 대목이다. 알린스키는 만약 "그 증거들을 사용하는 것이 승리를 가능하게 하는 유일한 방법이라고 생각했다면, 나는 무조건 사용했을 것이다."라고 말한다. 그러면서 그는 이렇게 덧붙였다. "자신에게 윤리란 최대 다수에게 최선인 일을 하는 것"이다.

2. 청년유니온과 커피 전문점 싸움의 사례

필자가 청년유니온에 있으면서 화제가 되었던 '커피 전문점 주휴 수당*' 싸움에서도 비슷한 경우가 있었다. 당시 우리의 주요 타

---

* 주휴 수당이란 근로기준법에 근거하여 주15시간 일하는 노동자(아르바이트라 하더라도)가 1주일을 모두 출근했을 경우 1일치 유급휴가 또는 수당을 주어야 한다는

깃이 되었던 커피 전문점은 A사, B사, C사였다. A사의 경우 세계적으로 가장 유명한 브랜드라는 상징성이 있었기 때문에 타깃이 되었고, B사의 경우 당시 한국 토종 브랜드라는 이점으로 급속히 사세를 확장하고 있었기에 타깃이 되었다. 전략적으로 가장 중요했던 것은 오히려 C사였는데 다수의 지점이 가맹점이 아닌 직영이어서 실제 싸움이 성공적으로 끝났을 때 받아 낼 수 있는 체불 임금의 액수가 가장 많았기 때문이다. 그런데 실제 지점의 숫자로는 타깃에서 제외된 D사가 A, B, C사보다 많았다. 지점의 숫자가 가장 많은 D사를 타깃에서 제외하는 것에 대해 정당성의 문제가 제기될 수 있었다. 그러나 D사의 경우 가맹점주들의 다수가 소규모 창업에 나선 영세 자영업자들이었다.* 이는 대기업 프랜차이즈를 대상으로 한 싸움에서 오히려 전선을 왜곡시키거나 뜻하지 않게 영세 자영업자와 아르바이트 청년 노동자들 사이에 갈등을 불러일으킬 수 있기 때문에 다수의 임금 체불이 확인되었음에도

것을 말한다. 당시 이 수당은 아르바이트 노동자와 같은 시간제 노동자나 비정규직에게는 제대로 적용되고 있지 않았으며, 급격히 성장하고 있는 대기업의 유명 브랜드 커피 전문점들조차 이를 지키지 않아 청년유니온이 실태 조사를 하고 이를 폭로했다. 청년유니온은 이 씨움을 통해 수억 원이 넘는 체불임금을 아르바이트 노동자들에게 돌려주었으며 이후 많은 기업들이 법을 지키기 위해 정비에 나서게 되었다.

* 이에 반해 A사와 C사의 경우 1백 퍼센트 대기업 직영 체제였으며, B사의 경우 소액 창업 자영업자가 아닌 규모가 큰 건물주들을 대상으로 영업을 하고 있었다.

불구하고 D사를 제외하는 결정을 해야 했다. 목표는 대기업의 프랜차이즈 업체를 혼내 주는 것이었고 이 싸움에서 승리함으로써 기초적인 근로기준법조차 지켜지지 않는 아르바이트 청년 노동자들의 현실을 알려 내는 것이었기 때문이다. 다행히도 당시 청년유니온 집행부의 다수가 동의했고 우리는 어렵지 않게 이 싸움을 시작할 수 있었으며, 수천 명의 아르바이트 청년 노동자들에게 수억 원의 체불임금을 지급할 수 있었다. 사회적으로 큰 논란이 된 덕분에 대상에서 제외되었던 D사도 자체적인 점검에 나서 제도 개선을 하게 된 것은 의도하지 않은 좋은 결과였다.

싸움이 무르익었을 때 필자에게도 개인적인 고민의 순간이 닥쳤다. 언론에 보도 자료를 내기 전날 밤 A사의 홍보팀 직원에게 전화가 왔다. 목소리로 보아 젊은 친구였는데 A사의 입장을 조목조목 해명하면서 보도 자료 목록에서 빼달라는 부탁이었다. 필자는 그 직원의 입장을 이해하는 것처럼 대하면서 관련 자료를 보내 달라고 했다. A사의 홍보팀에서 온 자료는 역설적으로 오히려 A사가 편법적인 방법을 통해 수당을 제대로 주고 있지 않다는 사실을 증명하는 자료였다. 필자는 그 직원에게 A사의 입장을 충분히 이해한다고 말하고는 오히려 A사를 주요 문제 업체로 몰아세우는 보도 자료를 다시 쓸 수밖에 없었다. 물론 필자가 그 직원에게 한 거짓말은 윤리적으로 잘못되었을지 모른다. 그러나 필자가 거짓말을 하지 않겠다고 수십만 명의 임금 체불이 걸린 문제에서 가장 핵심적인 타깃을 뺄 수는 없었다. 오래 고민할 것도 없이 결정이 이루어졌고 필자는 한동안 해당 회사 홍보팀 직원의 전화를 피해야만 했다. 그거면 충분했다.

알린스키는 말한다. "부패한 수단은 목적도 부패시킨다고 말하는 것은 목적과 원칙과 관련하여 동정 수태가 가능하다고 믿는 것과 같다. 현실의 장은 부패했으며 유혈이 낭자하다. 인생은 아이가 잠 잘 시간을 둘러싼 정치에서 엄마를 이용하여 아빠를 상대하는 순간부터 시작되는 부패의 과정이다. 부패를 두려워하는 자는 인생도 두려워한다." 돌아보면 세련되고 친절한 말투로 말하던 A사의 홍보팀 역시 자기들의 입장에서 사실관계를 과장 또는 축소했을지도 모른다. 필자가 보도 자료 목록에서 A사를 제외했다고 해도 그들 말처럼 아르바이트 청년 노동자들의 처우를 개선해주지 않았을지도 모른다. 결국은 서로의 처지에서 할 수밖에 없는 거짓말과 서로 다른 가치를 추구하는 싸움의 과정에서 필요한 것은, 달성하고자 하는 목적에 대한 확신과 이를 위한 적극적인 행동과 실천적인 고민이다.

3. 같은 수단을 사용한 두 노동조합의 다른 결과

알린스키가 말하는 수단과 목적 간의 윤리와 문제들에 대해 필자를 가장 고민하게 만든 것은 아마도 노동운동이었던 것 같다. 그것은 아마도 노사 갈등이 한국 사회에서 가장 어려운 갈등이기 때문이고, 노동조합과 사측이 마치 전쟁처럼, 다양한 수단을 통해 서로의 목적을 달성하기 위해 싸우기 때문일 것이다. 필자가 경험했던 어떤 노동조합의 경우 해고자의 복직 문제로 노사 간의 갈등이 발생했는데, 해당 노동조합이 교섭에서 충분히 해결할 수 있을 정도로 조직력과 힘이 있었음에도 불구하고 사측의 대표를 인격적으로 비난하고 회사의 이미지를 극도로 실추시키는 다소 극단적인 방식을 택했다(물론 노동조합의 주장대로 사측의 대표가 인격적인 문제가 없는 것은 아니었다). 하지만 결과는 큰 실패로 끝났다. 회사는 아주 격하게 반응했으며, 오히려 사회적 통념에 쉽게 부합하기 힘든 노동조합의 행동을 문제 삼아 기존에 노사 간에 이미 합의되었던 많은 사안들에 대해 거부 입장을 보였다. 해고자의 복직 문제 역시 불가능해졌음은 물론이다. 충분히 다른 수단을 택할 수 있는 여유가 있었음에도 불구하고 다소 감정적인 판단으로 극단적인 투쟁 방법이라는 수단을 택함으로써 오히려 목적을 달성하지 못한 사례라 할 수 있다.

이와 달리, 어떤 노동조합은 똑같이 회사 대표의 개인적인 문제를 공격하고 회사 이미지를 대외적으로 크게 깎아내리는 투쟁 방식을 택했음에도 불구하고 비난받지 않았다(이 회사 대표는 인격적으로 큰 문제가 있지는 않았다). 오히려 '오죽하면 노동조합이 저렇게까지 나섰을까?' 하는 동정 여론이 더 많아졌고, 회사 측이 받는 압력이 더 커졌다. 결국 회사는 사회적 여론과 압박에 밀려 노동조합의 요구를 받아들일 수밖에 없었다. 노동조합은 원하는 목적을 달성했고 이후에는 아주 영리한 태도로 회사와의 협상에서 우위를 점하게 되었다.

두 노동조합은 모두 다소 극단적인 수단을 선택했지만 결과는 완전히 달랐다. 그것은 알린스키가 잘 지적했듯이, 싸움의 과정에서 어떤 수단을 선택할 때 그 결과라는 것이 다양한 주변 상황, 갈등의 구조, 갈등 당사자들의 처지 등 여러 조건에 따라 달리 작동되기 때문이다. 필자가 앞서 언급했던 커피 전문점 주휴 수당 캠페인 때도 비슷한 선택을 해야 하는 순간이 있었다. 사전에 다양한 방식으로 조사를 하는 과정에서 유명 브랜드인 한 업체의 사장에 대한 사적인 추문이 많이 제보되었다. 이 내용들은 싸움의 어느 순간에 사용하게 될지도 모르므로 한켠에 정리해 두었다. 그러나 마지막까지 이 수단은 사용되지 않았다. 다른 수단들을 통해서도 충분히 원하는 목적을 달성할 수 있다고 판단했기 때문이다. 만약 필자와 동료들이 그 개인적 추문을 공개하는 쉬운 선택을 했더라면 아마도 역풍을 맞았을지도 모른다. 물론 알린스키의 말처럼 그 외에 사용할 수 있는 수단이 없었다면 필자 역시 역풍이나 논란의 우려에도 불구하고 그 수단을 사용했을 것이다. 이처럼 어떤 목적을 달성하기 위해 수단을 선택할 때 많은 조건들을 고려해야 한다. 징확하게 알린스키의 말내로 "이 득성한 목석에 이 특정한 수단이 정당한가?"를 고민해야 하는 것이다. 선택한 수단과 달성한 목적에 따라 윤리적인 평가 역시 완전히 달라지는 것은 물론이다. 실제 현실에서 윤리적인 평가는 수학 공식처럼 정해지는 것이 아니라 다양한 조건과 상황에 따라 달라진다. 이는 어떤 갈등을 외부자의 시선에서 평가하기가 매우 어렵다는 것을 의미한다. 우리 언론이나 지식인, 정치인들이 어떤 갈등에 대해 언급하거나 자신의 견해를 말할 때 갈등의 당사자들이 처한 현장의 조건과 상황에 대해 깊이 이해하고 고민해야 하는 이유이기도 하다. 알린스키가 말하는 수단과 목적의 윤리는 갈등의 당사자로서 싸움에서 유리한 입장을 취하게 하거나 불리한 상황을 타개하는 전술로서도 유용하지만, 일상에서 우리가 한 사회의 갈등을 제대로 이해하는 방법을 가르쳐 준다고도 할 수 있다.

세상을 바꿔 나가는 사람들의
자세와 태도

필자가 젊은 친구들과 일할 때 가장 슬픈 순간은 이들이 실패한 과거의 관성적인 행동을 흉내 내는 모습을 볼 때이다. 실천하는 운동가가 되려는 친구들은 정작 실천을 위해 필요한 기초 작업, 즉 지루한 조직화와 설득의 과정을 견디지 못하고 순간적인 싸움이 주는 흥분과 열정을 쫓아 전쟁터의 이곳저곳을 유랑한다. 실천적 과정에서 만날 수 있는 도덕적 딜레마와 위험한 순간을 피하고 싶은 친구들은 갈등의 현장에서 멀찍이 떨어져 논객이라는 이름으로 자신을 명명하고, 아무도 알아들을 수 없는 용어들을 남발하며 자신들만의 언어유희를 통해 각종 사건에 대해 논평하기를 즐긴다. 논객노 유랑사도 아닌 친구들은 몇 년째 승진도 일급 인상도 없이 선배 세대들의 뒤치다꺼리를 하며 자신들에게도 언젠가 세상의 변화를 몸소 느낄 수 있는 순간이 오겠지라고 되뇌면서 묵

묵히 영수증을 정리하거나 피켓을 조립하고 있다. 어디서부터 잘못된 것인지를 파악하는 것은 어렵지 않다. 당연하게도 첫 단추부터 잘못 끼워진 것이고 우리는 그 어색한 모양새로 수십 년을 지내 온 것에 불과하기 때문이다. 그러나 단추를 다시 처음부터 끼워 맞출 필요는 없다. 이제 그 낡고 어색한 셔츠를 벗어 버릴 때가 되었다. 어차피 단추를 다시 제대로 맞춰 끼운다 해도 당신 몸에 맞는 옷이 아니기 때문이다. 다음 세대는 이미 이전 세대와 다른 환경과 상황에 놓여 있기 때문에 사회를 변화시키기 위해서는 기성세대, 선배 세대들이 중요하다고 생각했던 가치관이나 태도를 답습할 필요가 없다. 오히려 다른 태도와 가치관으로도 충분히 가능하다고 나는 생각한다.

알린스키가 『급진주의자를 위한 규칙』의 "조직가의 교육"이라는 부분에서 말하고 있는 것 역시 좋은 조직가나 활동가를 만드는 방법이라기보다, 오히려 변화를 위해 끈질기게 노력하는 젊은 세대가 갖추어야 할 태도와 가치관에 대한 조언이라 할 수 있다. 그에 따르면, 변화를 추구하는 사람들이 가져야 할 태도는 비장함이나 단호한 결의, 흔들리지 않는 신념, 이데올로기 따위가 아니다. 오히려 상상력, 호기심, 유머, 자유롭고 편견 없는 마음, 정치적 상대성과 같은 것들이다. 왜 그럴까? 자신의 것이 아니기 때문이다. 자신의 것이 아닌 것으로 부조리한 세상을 버티며 이겨 나가는 것은 불가능에 가깝기 때문이다. 알린스키의 말대로 외부의 '이데올로기', 만병통치약이 아닌 자신의 정체성에 근거해서 움직여 나가야 "예상하지 못한 일이 일어났을 때 부서지지 않고 불확실한 세계, 그리고 인생과 함께 살아 나갈 수 있기 때문"이다.

어떤 '환상'을 거두고 보면 세상은 부조리하고 한치 앞도 예측할 수 없는 불확실성으로 가득 차 있다. '정의'롭다는 이유만으로 정의로운 결과가 늘 도출되지 않으며 나쁜 의도가 더 좋은 결과를 내기도 한다. 좋은 의도로 시작한 일이 처참한 결과를 내기도 하며, 믿었던 사람들은 개인적인 이익 때문에 나쁜 의도를 지지하거나 배신하기도 한다. 과도하게 고정된 신념이나 독단적 교리에 빠져 있는 사람은 이런 불확실성과 혼돈을 수용하기 힘들기 때문에 명백한 현실을 부정하며 모두에게 증오를 표출하거나, 다가올 가능성이 없는 헛된 희망과 기대 따위에 매번 자신을 맡기며 '천사'가 내려오기만을 기다린다. 그런 사람들이 자주 쓰는 단어들이 있다. '파국' '결정적 위기' '시대정신' '모순의 심화'와 같은 단어들이 바로 그것이다. 그러나 그런 단어들이 수십 년 동안 수백 번은 반복되었으나 정작 지금까지 위기도 파국도 오지 않았다는 사실은 누구도 말하지 않는다.

필자 역시 한때 '시대정신'과 같은 단어를 즐겨 사용한 적이 있다. 수도권의 한 지방 도시에서 학원 강사를 하면서 평범하게 살아가며 진보에게 응원을 보내는 필자의 동생이, 언젠가 술자리에서 필자가 열을 올리며 시대정신과 세상의 불의와, 실현되어야만 하는 정의로움에 대해 열변을 토하는 것을 보고 "무섭다. 그리고 불편하다."고 말한 적이 있다. 망치로 머리를 한 대 맞은 것 같다는 표현이 어떤 의미인지 그때야 깨달았다. 생각해 보면 평범한 우리들이 간신히 살아 내고 있는 순간순간에 어떤 거대한 정신과, 모두가 동의해야만 하는 가치가 존재한다고 생각하는 것은 무서운 일이다. 시대정신과 같은 말들은 그 정해진 노선이나 가치에서 조금이라도 벗어난 생각들을 모두 '역사의 반역자'나 '방관자'로 치부해 버리는 것으로 이해될 수 있기 때문이며, 실제로 많은 사람들이 그런 용도로 이 단어들을 사용한다. 필자는 그 언사들이 결국은 타인, 또는 다른 세계관을 가진 집단에 대한 우월감을 과시하기 위한 것은 아닌지 의심한다. 그것은 오히려 "나는 어떤 고귀한 가치와 명분을 위해 일하고 있는 것이야!"라고 잘난 척하며 알아 달라고 강변하기 위함이거나, "너는 그렇게 무의미하게 살면 안 돼!"라는 식으로 평범한 사람들의 생활과 일상을 무시하는 언사로 이어지기 쉽다. 당장 내일, 다음 달에 파국과 위기를 맞을 것이라면 일상을 살아 내는 평범한 다수의 오늘은 무의미한 것이 되어 버린다.

그러나 보이지 않는 거룩한 계시보다 가치 있는 것은, 오늘을 살아가는 우리의 삶이고 생활이다. 우리가 해야 하는 것은 어떤 거룩한 계시와 같은 것으로 상대를 공포에 떨게 하거나 그들의 삶을 자학하게 하는 것이 아니다. 우리가 말하고 설득해야 하는 것은 그들의 고단한 삶에 변화의 가능성이 있으며, 세상이 지금보다 조금 더 나아질 수 있기 때문에 더 많은 사람과 함께 노력해 봄직하다는 믿음을 주는 것이다. 그리고 과감한 행동과 실천을 통해 그 믿음을 증명해 보이는 것이다.

　세상이 당장 엄청나게 좋아지고 뒤집어질 것이라는 환상이 없어도 우리는 세상을 조금 더 좋게 만들 수 있다. 많은 사람들의 좋은 마음과 노력이 모여서 세상을 조금 더 좋게 만들고, 가난하고 목소리를 갖지 못한 사람들이 약간이라도 행복해지는 것은 충분히 가능하다고 믿자. 존재하지도 않는 외부의 힘과 어떤 환경 변화가 세상을 바꾸는 것이 아니라 평범한 사람들의 노력의 연속이 지속적인 변화의 가능성을 만들어 낼 수 있다는 소박한 진리를 믿을 수 있었으면 좋겠다. 인간에 대한 깊은 이해와 고민을 토대로, 기계처럼 돌아가는 시장이 모든 것을 지배하는 것이 아닌, 사람들이 적극적으로 노력하고 반응하는 사회의 중요성을 강조했던 칼 폴라니Karl Polanyi의 말은 우리에게 충분한 위로와 용기를 준다.

　"진리는 만유인력의 법칙이 아니라 만유인력에도 불구하고 새가 하늘 높이 솟아오른다는 것이다."

　우리가 지금 당장 만들 수 있는 세상의 변화는 바쁜 출퇴근 시간 아이를 어린이집에 맡기거나 찾아와야 하는 엄마나 아빠가 아이의 맑은 눈을 10분 더 바라볼 수 있게 하고 10분 더 안아줄 수 있게 하는 정도다. 그러나 그것은 수많은 사람들의 인생에서 반드시 필요한 행복이다. 세상의 변화는 그쯤에서 출발하는 것이다.

1. 경계를 넘어 질문을 던지는 것

변화의 시작은 어디서부터일까? 필자는 "왜?"라는 질문을 던지는
순간부터라고 생각한다. 알린스키 역시 조직가가 일을 시작하게
되는 원인을 '호기심'이라고 보았다. 알린스키는 호기심을 가지고
"일반적으로 인정되고 있던 방식과 가치에 의문을 제기하는" 순
간 이미 그 사람은 기존의 체제에 '반항'하고 있는 것이라고 보았
다. "왜?"라는 질문은 모든 행동의 시작이 된다. 필자의 개인적인
경험에 따르면 함께 활동하기 가장 힘든 사람은 일을 잘 못하는
사람도, 성실하지 않은 사람도 아니었다. 바로 호기심이 없는 사
람이었다. 세상은 너무나도 넓고 다양한 사람들과 사건들로 채워
져 있다. 그리고 그 모든 것이 사실 우리가 변화시켜 가야 할 부분
들의 하나다. 작은 것들, 일상에서 존재하는 많은 사건들과 행동
들, 그리고 사람들의 생활에 관심을 갖지 않고 궁금해 하지 않는
다면 우리는 변화를 위한 첫발을 떼기 힘들다.

어떤 사람들은 오히려 더 거대한 가치와 명분을 먼저 보았고
세상을 그것에 맞추어 해석하곤 했다. 그렇게 되면 작은 변화가
가능한 순간들을 무수히 놓치게 되고, "왜?"라는 질문에 답하기보
다 "어떻게?"에 더 많은 관심을 기울이게 될 수 있다. 특히 "왜?"라
는 질문은 당연하게 여겨지는 부정의한 체제만이 아니라 우리가
당연하다고 믿는 진보의 가치나 형식들에 대해서도 던져져야 한
다. 이것을 알린스키는 '불경'이라고 말하는데, 호기심과 불경이

독단적 교리와 환상에 빠지지 않게 하며 "자유롭고 편견 없이 사상을 탐구"할 수 있게 하기 때문이다. 그렇기 때문에 나는 진보 자신에게도 두려워하지 않고 당연하다고 생각하지 않고 질문을 던지는 것이 세상을 바꿔 나가는 데 있어 무엇보다 중요한 태도이며, 사회적 약자들을 더 많이 이해할 수 있는 방법이라고 생각한다.

필자가 국회에서 국회의원 보좌진으로 일할 때였다. 한 노동조합의 간부가 의원실을 찾아왔다. 노동조합을 만든 지 얼마 되지 않았으나 사측으로부터 굉장한 탄압과 압력을 받고 있었다. 임금 체불에서부터 폭언, 폭력, 그리고 해고 위협까지 거의 모든 종류의 탄압이 존재하는 것처럼 보였다. 노동조합 간부의 이야기는 절절했고 당시 노동문제를 처음 다뤄 보던 나는 그 노동조합원들의 상황에 깊이 공감하고 또 그만큼 분노했다.

그런데 그 노동조합 간부가 의원실 문을 나서자마자, 노동조합운동을 오래 했으며, 필자의 사수 역할이었던 노련한 선배 보좌관이 이렇게 말하는 것이었다. "성주 씨는 지금 저 말을 다 믿어?" 필자는 화를 내며 반문했다. "네? 그럼 선배는 저렇게 탄압받고 있는 노동자들이 하는 말을 안 믿는단 말입니까?" 그리고 나서 그 선배가 미소를 띠며 건넸던 말을 나는 잊을 수 없다. "난 노동자들의 말을 다 믿지는 않아. 탄압받고 힘든 상황에 있는 노동자들일수록 오히려 거짓말을 할 수 있어. 노동문제를 다룰 때에는 양쪽의 의견, 입장을 잘 가려듣는 게 가장 중요해. 그게 그들을 진짜 도와주는 것이야." 세월이 꽤 흐른 지금 돌이켜 생각해 보면 너무나 당연했던 말인데 한창 혈기가 넘치던 젊은 시절의 필자는 그 말이 그렇게도 충격으로 다가왔다. '노동자들도 때로는 거짓말을 한다.'

필자는 우리 사회에서 약자의 위치에 있는 집단 중 하나인 노동자들이 마치 언제나 도덕적으로 선하고 정의롭다는 착각에 빠져 있었다. 특히 어렵고 힘든 상황에 있는 사람들의 절박한 주장은 절박함의 크기만큼 진실이라고 생각했다. 그러나 인간이라면 누구나 자신의 불행이 가장 크게 느껴지는 법이다. 그리고 그만큼 자신의 상황과 불행을 과장하게 마련이다. 단순히 감정적으로 그렇게 한다는 것이 아니다. 갈등의 당사자들은 서로에게 거짓말을 하기도 하며, 자신의 어리석음은 줄이고 상대의 실수를 부풀리기도 하는 법이다. 세상 사람들이 살아가는 너무나도 당연한 이치와 방식이다. 앞서 수단과 윤리에 대한 부분에서 말했지만 그것을 도덕적으로 비난할 필요는 없다. 누구나 그런 상황에서 그렇게 하기 때문이다. 사측은 노동자들의 행동을 최대한 과격하게 포장한다. 노동자들 역시 사측의 탄압을 크게 포장한다. 같은 사실을 놓고 서로가 완전히 다른 해석을 하며, 때로 해당 사실 자체가 완전히 다른 경우도 많다.

그러나 우리가 앞서 살펴보았듯이 자기 이익과 갈등, 그리고 힘의 본질이 현실의 세계에서 어떻게 작동하는지를 받아들일 수 있다면 우리는 이렇게 이해해야 한다. '그들은 그렇게 말할 자격이 있다.' 세상을 변화시키고자 하는 사람들은 그 충돌하는 주장과 복잡하게 포장된 사실관계들을 잘 가려내어 보고 해결책을 마련해 나가는 것이다. 그러나 그것은 수학적으로 누군가 51퍼센트만큼의 정당성이 있고 다른 누군가는 49퍼센트만큼의 정당성밖에 없어서 때로 51퍼센트의 편에 서야 한다는 것을 의미하지 않는다. 당장은 49퍼센트의 정당성밖에 없는 '가난하고 목소리를 갖지 못한 사람들'의 편에 서서 그들의 정당성을 51퍼센트, 나아가 70퍼센트, 80퍼센트로 만들어 가는 것이 바로 변화를 위해 움직이는 사람들이 해야만 하는 일이다.

의원실에서의 일이 있은 후 필자는 오히려 더 다양한 시각으로 노동문제를 바라볼 수 있게 되었고, 노동자들의 문제에 대한 애정도 더 커졌음을 느꼈다. '1백 퍼센트의 정당성을 가지고, 1백 퍼센트의 악의를 가진 누군가들에게 탄압받으며 싸우는 힘없는 약자들'이란 현실에 존재하지 않는다. 1백 퍼센트의 선과 도덕, 정당성을 가지고 있지 않아도 우리는 사회적 약자들의 편에 서서 세상을 변화시켜 나갈 수 있음을 기억했으면 한다. 그리고 그것이 있는 그대로의 존재들을 더 깊이 이해하고 사랑하는 법이라고 나는 생각한다.

2. 상상력 : 타인과 교감하기 위한 것

만약 누군가가 세상을 변화시켜 내고 싶은 사람에게 가장 필요한 태도나 자질이 뭐라고 생각하는가를 묻는다면 필자는 주저하지 않고 상상력이라고 답할 것이다. 그러나 때로 젊은 세대에게 상상력이라는 것이 흔히 말하는 '창의적인 형식'이나 '기존에 보지 못했던 방식' 등으로 이해되는 것은 불만이다. 상상력은 단순히 뭔가 기이한 것, 특이하고 창의적인 것처럼 보이는 것을 의미하지 않는다. 그런 것들은 형식에서만 그럴 뿐이고 조금도 창의적이지 않을 때가 많다. 오히려 평범한 사람들의 경험 밖에 있는 그 기이함은 많은 경우 세상을 바꾸기보다 자신들만의 유희에 그치거나 타인들의 자극적인 호기심을 잠깐 동안 자극할 뿐이다. 슬프게도 상상력이 모두 소진되어 더 이상 새로운 무엇인가를 할 수 없는 처지가 된 사람들이, 방향을 잃은 일부의 기이한 행동을 창의적이라고 칭찬하며 마치 자신이 젊은 세대와 교감하는 사람인 듯 강변할 때 필자는 깊은 안타까움을 느낀다. 그가 새로운 무언가를 하지 못하는 것은 나이가 많아졌거나 뇌의 활동력이 떨어져서 그런 것이 아니다. 더 이상 타인의 고뇌와 생생한 삶의 현장과 교감하는 상상력이 없어졌기 때문이다.

상상력이란 진정으로 타인과 깊이 공감하는 능력이라고 필자는 생각한다. 알린스키는 "한때는 불의에 대해 마음으로 분노할 줄 아는 감각"이 조직가의 기본적인 자질이라고 생각했으나 틀렸다고 말하며 오히려 더 중요한 것은 "인류 전체와 아주 밀접하게 교감하도록 그를 몰아가고 또한 인류의 곤궁 속으로 그를 밀어 넣는 바로 이 비정상적인 상상력"이라고 주장한다. 그리고 그 상상력이 지속적인 활동의 근거이며 효과적인 수단의 토대가 될 수 있다고 말한다. 비슷하게 체코의 소설가 밀란 쿤데라Milan Kundera가 그의 소설 『참을 수 없는 존재의 가벼움』에서 '동정심'이라는 감정을 언급하는데, 그에 따르면 "동정심을 갖는다는 것co-sentiment은 타인의 불행을 함께 겪을 뿐만 아니라 환희, 고통, 행복, 고민과 같은 다른 모든 감정도 함께 느낄 수 있다는 것을 뜻한다. 이러한 동정은 고도의 감정적 상상력, 감정적 텔레파시 기술을 가리킨다. 감정의 여러 단계 중에서 이것이 가장 최상의 감정이다."

필자는 일반적으로 우리 사회에서 다소 시혜적인 표현으로 사용되는 동정심이라는 단어보다는, 필자가 이해하는 '타인과 깊이 공감하는 능력'이, 알린스키가 말하는 상상력과 같은 것이라고 이해한다. 따라서 상상력은 시혜적 의미의 동정심이라 할 수 있는 '감정이입'과는 본질적으로 다르다. 이에 대해 최장집 교수는 『노동 없는 민주주의의 인간적 상처들』에서 아리스토텔레스의 말을 빌려 인간의 동정심을 감정이입empathy과 공감sympathy으로 나누며, 감정이입은 "가치와 이념의 도움으로 다른 사람의 사정에 동정"하는 것인 반면, 공감은 "사실의 구체적인 접촉을 통해 다른 사람의 사정에 동정"하는 것이라고 말한다. 그러면서 '현실의 삶에 기초하지 않은' 감정이입이 인간 행위의 급진성을 불러올 뿐 결과에 대한 책임 윤리의 부재나 약화를 초래한다고 지적한다.

알린스키와 밀란 쿤데라가 말하는, 고도의 감정적 상상력과 동정심은 아리스토텔레스와 최장집 교수가 말하고 있는 '공감'에 더 가까운 것이라 할 수 있을 것이다. 상상력은 우리가 현실에 발딛고 자신의 선택과 결정에 책임지도록 하는 힘이자, 한편에서 세상의 고통을 외면하지 못하게 함으로써 우리를 끊임없이 괴롭게 만드는 것이다.

필자는 최근 한국의 사회운동에서 성공적으로 평가받는 대부분의 시도들이 신선하고 창의적인 형식에서 비롯된 것이 아니라, 해당 집단의 고통과 고민에 최대한 공감하고 거기서 문제를 해결해 나가려고 했던 것에 있다고 생각한다. 형식이나 방법에서의 성공은 오히려 해당 집단의 문제에 얼마나 공감하고 교감했는가에서 나오는 것이지 형식 그 자체만을 놓고 고민해서 나오는 것은 아닐 것이다. 한편 어떤 갈등을 다루고 있는 사람은 상상력을 통해 타인의 처지와 상황에 자신을 가져다 놓는 것이 변화를 위한 행동의 시작에서 무엇보다도 중요하지만, 때로는 갈등의 현장에서 거리를 두거나 갈등과 무관한 구경꾼의 입장이 되어 보거나, 심지어 갈등의 반대편의 입장이 되어 보는 것도 필요하다. 그것은 알린스키가 지적했듯이 "반대 세력의 대응 행동을 파악하고 대비" 하기 위해서이기도 하지만 갈등이 성공적으로 '타협'될 수 있는 지점을 제대로 찾기 위해서이기도 하다. 때문에 알린스키는 세상을 진정으로 변화시키고자 하는 사람은 "정치적으로 분열적이지만 동시에 잘 융화된 존재"여야 한다고 말한다.

알린스키의 표현대로 정치적으로 분열적이기만 하고 분노에 가득 차 있으며, 독단적 교리만을 강조하는 사람들은 단기간에는 굉장히 급진적이고 정의로운 것처럼 보이지만 긴 시간을 놓고 보면 변화의 성과를 만들기보다 증오를 확산하는 데 더 관심이 있어 보이는 경우가 종종 있다. 그리고 때로는 갈등의 현장에서 먼저 도망친다. 다시 한 번 강조하지만 분노와 교리가 우리를 움직이게 하는 것이 아니다. 설사 그렇게 움직인다고 하더라도 그것은 오래 가지 못한다. 분노로 설득하고 교리로 설명할 수 있는 것은 현실의 극히 일부에 지나지 않기 때문이다. 거기에서 출발한 사람들은 현실의 다양한 부조리를 버티지 못하고 떠나 버리는 경우가 많다. 급작스레 자신의 노선을 전환하고, 과거에 자신이 열정을 바쳤던 자리를 향해 비난과 저주를 퍼붓는 사람들의 대부분이 바로 그런 사람들인 경우가 많다. 오히려 타인의 고통에 교감해서 출발하는 사람들은 차분히 그러나 오랫동안 세상을 변화시켜 나간다. 그런 사람들은 대부분 부드러운 품성을 가졌고 누구보다도 따뜻한 말로 사람들을 대하고 대화한다. 그들에게는 타인의 고통에 교감하는 상상력이 남아 있기 때문이다. 그래서 알린스키는 불의에 대한 분노가 아닌 상상력이야말로 "그의 전 생애에 걸쳐 그가 일을 시작하고 자신을 유지하도록 만들어 주는 활력"이라고 말한다.

필자가 타인의 고뇌와 교감하는 상상력을 말할 때 자주 인용하는 17세기 한 시인의 시구가 있다. 독재자 프랑코에 맞서 전 세계에서 달려온 의용군들의 이야기, 스페인 내전을 다룬 헤밍웨이의 소설이자 영화로 만들어져 잉그리드 버그만Ingrid Bergman이라는 여배우가 세계적으로 유명해졌던 『누구를 위하여 종은 울리나』

의 원제가 된 존 던(John Donne)의 시다. 필자에게 진보란 결국 타인의 고통에 깊이 교감할 수 있는가 하는 것이다. 그리고 그것이 변화의 시작이자 전부라고 생각한다.

〈누구를 위하여 종은 울리나〉

누구든 그 스스로 완전한 섬이 아니다.
모든 사람은 대륙의 한 부분이며, 대양의 일부이다.

흙덩이가 바다에 씻겨 내려가면, 우리의 땅은 그만큼 작아지며,
모래사장 그리되어도 마찬가지다.
그대의 친구들 혹은 그대 자신의 땅이 그리되어도 마찬가지다.
어떤 사람의 죽음도 나를 손상시킨다. 왜냐하면 나는 인류에 속해 있기 때문이다.

그러므로 누구를 위해 조종(弔鐘)이 울리는지 알려고 사람을 보내지 말라.
종은 바로 그대를 위해 울리는 것이다.

3. 정치적 상대성과 편견 없는 마음

어떤 절대적 교리나 이론이 세상을 모두 설명해 준다고 믿는 것은 위험하다고 알린스키는 끊임없이 말한다. 그렇게 믿고 있을 때 현실의 '무질서'하고 '부조리'한 세상을 받아들이고 변화의 대상으로 삼기 어렵기 때문이다. 이 때문에 세상을 바꿔 나가고자 하는 사람은 비록 자신의 주장이 '1백 퍼센트 천사의 편'에 있다고 믿을 수 있어야 하되, 반대로 문제 해결의 순간에는 50퍼센트, 때로는 10퍼센트의 정당성만 가질 수 있다는 것을 이해할 필요가 있다. 특히 갈등이 확대되어 싸움을 해야 하는 순간 자신이 옳다는 것을 믿는 것과 반대로, 갈등이 타협되고 난 후 상대의 고민과 가치 역시 그만큼 중요한 의미가 있을 수 있다는 '정치적 상대성'을 아는 것은 중요하다. 그렇지 않은 경우 많은 사람들이, 1백 퍼센트의 정당성과 진리가 있다고 믿는 바로 그것이 실현되지 않을 때 너무나도 쉽게 냉소와 환멸로 빠져들게 된다. '있는 그대로의 세상'을 인정하고 '체제 안에서 일해 가기' 위해서는 알린스키의 표현에 따르면 "예상하지 못한 일이 일어났을 때 부서지고 마는 경직된 구조물"과 같은 사람이 되기보다는 "인간 행위의 많은 부분의 부조리에 대한 이해 등을 가지고 자기 방식대로 살아가며 유연한" 사람이 되는 것이 필요하다.

보통 한국 정치에서 '486'이라고 지칭되는 학생운동 출신의 정치인들과 대화를 나누다 보면 종종 쓸쓸한 느낌을 지울 수 없을 때가 있다. 그들은 "나도 한때 노동운동·빈민운동을 열심히 했었지만……"이라는 말로 시작해, 지금의 노동운동·빈민운동이 너무 많이 변질되었고 정의로움을 잃어버렸다고 개탄하곤 한다. 그러면서 노동조합과 다양한 이익 단체들을 이기적이라고 비난하기도 한다. 필자가 그들에게 느낄 수 있는 것은 순수하고 정의롭다고 믿었던 것들에 대한 실망이었고, 비교적 안락한 삶을 살고 있는 자신들의 현재 삶에 대한 변명이었다. 필자는 1980년대 학생운동 출신이라고 하는 명망가들에게서 이런 모습들을 볼 때마다 그들이 한때는 말로만 '민중적 삶'을 외치고 실제로는 '평범한 민중'들이 어떻게 삶을 살아가고 버텨 나가는지 관심이 없었던 것은 아닐까 하는 생각이 들곤 한다. 그들의 실제 삶과는 다른 어떤 환상 속의 대상을 설정해 놓고 그 환상에 실망하고 자신의 변화를 정당화하는 사람들의 대부분은 과거에 강한 독단적 교리에 빠져 있던 사람들인 경우가 많다.

독단적 교리에 빠져 있던 사람들은 결국 두 가지 중 하나를 선택하게 된다. 세상은 너무나 부조리하고 개선의 가능성이 전혀 없다고 저주하며 환멸과 냉소로 빠져들거나, 여전히 자신이 믿고 있는 환상 또는 '새로운 환상(이젠 의미가 없어져 버린 과거의 영광도 여기에 포함된다)'에 더 절박하게 매달린다. '환상 속의 세계'가 아직 오직 않은 것은 우리의 믿음과 노력이 부족하기 때문이라고 강변한다. 그런 사람들은 고대로부터 내려온 저 유명한 격언인 "여기가 로도스다! 여기서 뛰어 봐라!"라고 말하면 곧 침묵으로 빠져들거나 불같이 화를 내며 타인들을 저주한다.

알린스키는 "인간적 정신은 과연 우리가 옳은지를 살펴보는 내적 의심이라는 작은 불빛을 통해서만 빛날 수 있다."고 말한다. 그러면서 "자신이 진리를 소유하고 있다고 완전히 확신하고 있는 자들은 내적으로는 어둠에 가득 차 있고, 외적으로는 잔혹함과 고통, 불의로 세상을 어둡게 한다. 가난한 사람들을 신격화하는 사람들은 교조주의자들과 똑같은 잘못을 저지르고 있으며, 그들만큼 위험하다."고 말한다. 세상을 변화시키고자 하는 현실의 싸움을 위해 필요한 논리와 주장이 곧 세상 전부를 설명해 주는 진리가 되는 것은 아니라는 사실을 이해할 필요가 있다.

세상이 부조리하고 불확실하다는 것을 인정하고, 그 안에서 합리적일 수 있고 침착하게 변화를 위한 활동을 해 나갈 수 있어야 한다. 그것이 민주주의에서 일해 가는 방식이다. 많은 사람들이 인류 최고의 발명품으로 민주주의를 꼽는 것은 민주주의가 인간의 한계와 불완전함 위에 서 있는 체제이기 때문이다. 필자는 특히 변화를 위한 활동에 막 발을 내딛은 젊은 세대가 너무나 정의롭고 용감하기 때문에 그만큼 빨리 불타오르나 다시 그보다 빨리 실망하는 것을 볼 때마다 안타까움을 느낀다. "세상은 원래 그래."라는 말 따위를 인정하라는 것이 아니다. 세상은 아직 부조리한 것이고, 우리는 그 안에서 그것과 싸워 나가고 또 배워 나가는 과정에 있다는 것을 받아들였으면 한다. 그것이 알린스키가 말하는 '조직화된 인격체'가 되어 가는 과정이며, 승산이 언제나 반대

편에 있다고 하더라도 두려움 없이 싸워 나갈 수 있는 자긍심의 근거가 된다.

'정치적 상대성'을 인정하고 받아들이기 위해서는 무엇보다도 편견 없는 마음이 필요하다. 편견이란 사전적으로 '공정하지 못하고 한쪽으로 치우친 사고나 견해'를 의미한다. 생각해 볼 것은 세상을 바꿔 나가려고 하는 사람들일수록 편견에 빠질 가능성이 높다는 사실이다. 앞서, 세상을 바꾸는 싸움을 위해서는 정치적으로 분열되어 자신을 정당화하는 것이 필요할 때가 있다고 말했다. 그러나 그것은 싸움의 순간을 위한 것이고 자신의 정치적 입장을 정하기 위한 것이지 세상 모든 사실과 관계를 규정하기 위함은 아니다. 그러나 자신의 정치적 입장을 정하는 것과 편견을 구분하지 못해 오히려 함께할 수 있는 사람들을 멀리하거나 불의와 불공정을 확산시키는 우를 범하는 경우를 보게 된다. 그 순간 우리는 자신의 정치적 입장이라는 것이 독단적 교리로 변질되고 있는 것은 아닌지 의심해 보아야 한다.

진보적인 운동가나 정치인들이 한국 사회에서 가지고 있는 큰 편견 중 하나로 필자는 공무원들에 대한 인식을 꼽는다. '영혼 없는 공무원'이라는 말이 있다. 공무원들이 주관 없이 위에서 시키는 대로 일하는 것을 두고 비아냥거리는 말이다. 필자 역시 공무원들과 몸을 부대끼며 일해 보기 전에는 그런 말을 사용했었다. 그러나 실제 현장에서 공무원들과 함께 일을 해보고 그들의 고민을 들어보고 나서는 그런 말을 사용하지 않게 되었다. 필자는 한

때 규모가 꽤 큰 지방자치단체에서 잠시 계약직 공무원으로 일할 수 있는 기회를 갖게 되었다. 이전에 국회에서 일할 때는 관료라 불리는 행정부 공무원들과 날을 세워 싸워야 하는 입장이었고, 청년유니온에서 일할 때도 정부의 정책이나 제도에 대해 비판의 날을 세우는 것에 익숙했기 때문에 공무원들에 대한 인식이 별로 좋지 않았다. 그러나 지방자치단체에서 1년 반 정도 공무원들과 함께 일하면서 바라본 그들은 또 다른 사람들이었다. 어떻게 보면 진보 진영에 있는 수많은 활동가들만큼이나 성실하고 선한 사람들이 많았다. 다수의 공무원들은 공익에 대한 열정과 사회 진보에 대한 희망을 가지고 있었으며, 오히려 힘을 가진 자들, 돈을 가진 사람들의 사익이 행정에 우선시되는 것에 분개하고 있었다. 공무원들 역시 진보라 말하는 사람들과 다르지 않게 경제적 약자들의 고통에 공감했고, 한정된 자원이 지출될 때 우선순위에서 밀려나지 않고 그들에게 투입되도록 노력하고 있는 사람이 많았다. 다만 현재의 시스템이 그들의 고민과 목소리를 제대로 반영하지 못하고 침묵하게 만들었다. 공무원의 정치적 중립이라는 이름 아래 정당 가입, 노동조합 가입마저 제한하는, 세계적으로 유래를 찾기 힘든 현행 법제도, 사회경제적 약자들을 위한 경제적 지원에 대해 선거법 위반을 들먹이는 행정해석, 새로운 시도를 할수록 인사 승진에서 손해 보도록 만드는 제도 등, 이 모두 정직하고 선량한 공무원들의 고민과 목소리를 빼앗는 것들임을 알게 되었다. 현장에서 공무원들이 가지는 현실적 고민과 노력을 경험해 보고는 '영혼 없는 공무원'이라는 비아냥거림이 얼마나 이율배반적이고 모욕적인 말인지 알게 되었다. 수십만 명의 공무원들이 비윤리적이고 기회주의적이어서 영혼이 없는 것이 아니라, 불합리한 우리 사회의 시스템이 그들에게서 영혼을 빼앗아 가고 있는 것이었다. 우리 사회 공익과 관련하여 가장 밀접한 일을 하는 수십만 명의 공무원들을 부당하게 비난하거나, 자신들의 사익에 유리한 쪽으로 줄 세우기 하려는 권력의 강압 아래 정치적 허무주의와 냉소주의로 빠져들게 만드는 것은 우리 사회의 큰 손실이다.

경험해 보지 못한 세계와 그 구성원들에 대한 편견은 변화를 위한 활동과 노력들을 더 어렵게 만들기도 한다. 행정조직과 협상하는 자리에서 바로 "안정된 삶이 보장된 공무원들 따위가 비정규직 노동자들의 처지를 아느냐?"라고 쏘아붙이는 노동조합 활동가나, "뒷돈을 얼마나 받았으면 그렇게 미온적인 태도를 취할 수 있느냐?"라고 근거 없이 비난하는 단체 활동가들을 가끔 만나게 된다. 그러나 정작 그 협상 자리에 나와 있는 공무원들의 자녀, 또는 반려자, 친구들 역시 비정규직 노동자였던 경우가 많았고, 실무를 담당하는 하위직 공무원들의 경우 대부분 노동자들과 크게 다르지 않은 임금을 받으면서 생계를 고민하기도 하는 사람들이었다. 실제 이런 태도와 언사들은 해당 문제를 해결하기 위해 열심히 방법을 찾던 공무원들 다수를 힘 빠지게 하고, "어차피 욕만 먹을 텐데 아무리 좋은 일을 하면 뭐해. 임금이나 승진에 도움이 되는 것도 아닌데."라는 말을 되뇌며 해당 사안에서 멀어지게 만들었다.

거대한 행정조직이라고 해도 결국은 사람이 움직여야 일이 가능해진다. 그러나 간단한 의견 조율만으로 가능한 협상이나 정책이 편견에서 비롯된 무례한 태도 때문에 무산되는 경우가 많다. '편견 없이 세상을 바라보고 경험하는 것'은 단순히 도덕적인 태도와 삶의 방식을 말하는 것이 아니라, 현실을 바꾸기 위해서도 필요한 수단이다.

진보라 자처하는 사람들이 편견에 더 깊이 빠져 있는 경우도 많이 보았다. 한 시의원이 있었다. 필자와 정치적 입장이 다른 정당에 있었지만, 조금 지켜보고 나서는 매우 합리적인 사고와 부드러운 태도가 인상적이었던 여성 시의원이었다. 야당 시의원들에게도 평이 좋았다. 그런데 한때 야권 지지자들의 다수가 그 시의원이 야당 출신 시장을 상대로 시정 질의*를 하는 모습을 편집한 동영상을 퍼트리며 엄청난 비난을 퍼부었다. 필자가 보기에 불공정하다고 느껴질 정도로 편집된 그 동영상은 마치 해당 시의원이 야권 지지자들이 지지하는 시장을 상대로 비열하게 질의하고 비웃는 것처럼 보이도록 되어 있었다. 그러나 실제 그 시의원은 결코 윽박지르거나 비아냥거리지 않으며 늘 미소를 잃지 않고 부드

---

* 시의원이 시장에게 1 대 1로 시가 행하는 정책이나 행정 집행에 대해 질의하는 것을 말한다. 국회에는 총리나 부처 장관에게 국회의원이 1 대 1로 질의하고 응답하는 대정부 질의라는 것이 있다

럽게 설득하거나 자신의 주장을 조목조목 이야기하는 사람이었다. 그 동영상 속에 나온 질의응답에서도 마찬가지였다. 사람들이 그 시의원이 웃는 모습으로 시장에게 질의를 하고 반박하는 것이 비아냥이라고 단정하게 만든 것은 사실 질의 태도 그 자체에 있지 않았다. 그 시의원이 전 정권의 유력자의 딸이라는 것이 이유였다. 그러나 상대 진영에 대한 '연좌제'식 낙인찍기는 부당하다. 우리에게 저질러지는 것은 잘못된 것이고 상대에게 우리가 가하는 것은 정당하다는 식은 불공평하다. 많은 야권 지지자들이, 결코 비열하지도 불합리하지도 않았던 그 시의원의 시정 질의를 무례하고 비열한 태도로 바라본 것은 분명히 편견 때문이었다고 나는 확신한다. 그리고 진보가 좀 더 많은 사람들의 지지를 얻기 위해서는 무엇보다도 스스로를 옥죄는 편견을 벗어나야 한다고 생각한다. 편견에서 벗어나야 하는 것은 보수만이 아니다. 진보 역시 세상을 바꾸고 싶은 열정이 강할수록 편견에 쉽게 빠져들고 그 때문에 정당성을 잃어버리는 경우가 많다는 것을 기억했으면 한다.

샤츠슈나이더가 "민주주의란 스스로가 옳다고 확신하지 못하는 사람들을 위한 정치체제"라고 정의했듯이, 알린스키 역시 민주주의 사회에서 활동가는 강한 신념과 분노보다는 오히려 "새로운 세상이 가능하다는 약간의 희망"만 가지고 있는 것이 낫다고 한 이유가 여기에 있다.

| 9 |

가야 할 길,
좋은 정치와 현명한 운동의 사이에서

알린스키의 책 마지막은 1970년대 이후 미국의 진보적 사회운동은 무엇을 해야 하는가라는 질문으로 시작한다. 물론 알린스키는 1970년대의 미국을 보지 못하고 생을 마감했다. 그가 가야 할 길이라고 제시했던 길이 결과적으로 성공했는지 여부는 판단할 수 없다. 그러나 1970년대 중반 이후 불어 닥친 신자유주의의 물결은 미국 사회를 극단적으로 나빠지게 만들었고 미국의 사회운동이 거기에 얼마나 효과적으로 대응하고 가난한 사람들을 지켜 냈는지를 돌아보면 아무래도 부정적인 평가가 지배적일 것이다. 그러나 알린스키의 실천론을 적극적으로 수용한 것처럼 보이는 오바미 대통령의 등장은 사회운동보다 오히려 정치의 영역에서 알린스키의 혜안이 빛나는 성과를 낸 것 같기도 하다. 그렇게 보면 참 묘한 느낌이 들기도 한다. 알린스키가 추구했던, 가난한 사람들이 권력을 쟁취하고 그로 인해 조금 더 행복해지는 세상은 50년이 지난 지금도 여전히 가야 할 미완의 길이지만, 그 과정에서 오바마의 사례처럼 유의미한 정치적 성공도 있었다는 것은 한국 사회와 다음 세대에게 많은 시사점을 준다.

알린스키는 『급진주의자를 위한 규칙』의 마지막 장인 "가야 할 길"에서 미국의 하위 계층이 처한 현실에 대해 이렇게 묘사한다. "이제 침묵하는 다수는 상처와 분노를 안고 있으며, 의심이 많으며, 무시되고 궁지에 몰려 있다고 느낀다. …… 자신들의 무기력한 상태에 대한 공포심이나 좌절감은 사람들을 악마처럼 변질시켜서 가장 협소한 의미의 생존 법칙에 호소하도록 만들 수 있는 정치적 편집증의 상태에까지 다다랐다. 이러한 감정들은 극우파적인 전체주의로 나아갈 수도, 또는 미국 독립혁명의 제2막으로 발전할 수도 있다." 슬프게도 2015년 지금 한국 사회의 모습을 보는 것 같지 않은가. 뜻하지 않은 사고로 자녀를 잃은 수백 명의 부모들에 대한 근거 없는 비난과 공격, 이주 노동자나 성 소수자, 여성들에게 공격적인 혐오를 드러내는 젊은 세대들의 인터넷 커뮤니티, 돈이 되거나 말초적 재미라도 주지 않으면 '핵노잼' 따위의 단어들을 붙여 아무런 의미 없는 것으로 치부해 버리는 태도, 정치적 경계를 넘나들며 공포를 조장하는 근거 없는 '세금 폭탄론'……. 이러한 갈등들을 올바르게 다루고 대안을 만들어 갔어야 할 한국의 사회운동과 정치 역시 1960년대 미국의 사회운동과 정치만큼이나 혼돈에 빠져 있다. 한국의 사회운동은 권위주의와 싸우던 '요새'에서 민주주의의 '광장'으로 진출했지만 정작 광장에서의 싸움에는 무력했다. 작게나마 이루어 낸 성과에 안주하고 서로 다투는 사이에 오히려 민주주의의 광장은 좁아졌고 동료 시민들은 무력감 속에 광장 밖으로 추방당하고 있는 것이 현실이다.

혼돈의 1970년대 초 미국의 모습과 2015년의 한국 사회가 오버랩 된다는 것은 매우 불안하다. 알린스키가 그의 책에서 미국의 미래를 걱정했던 바로 그 순간, 그러니까 알린스키가 눈을 감고 난 직후부터 40년 동안 미국 정치는 더 나빠졌고, 신자유주의라는 아주 원초적인 정글의 생존 법칙과 같은 야만적인 기조가 미국에서 시작되어 세계를 휩쓸면서 그가 걱정했던 모든 우려를 현실로 만들어 버렸기 때문이다. 이런 이야기를 하는 것은 우리가 미국의 잃어버린 40년과 같은 길을 갈지도 모른다는 두려움을 조장하기 위해서가 아니다. 다만 한 사회와 공동체가 나빠질 때는 대부분 비슷한 모습들이 나타난다고 생각한다. 그리고 필자는 1970년대 초의 미국보다 분명히 2015년의 지금 한국 사회가 더 나빠지고 있다고 본다. 그렇다면 이 사회가 나빠지지 않도록 우리가 지금 시급하게 노력하거나 바꿔야 하는 것은 무엇인지 진지하게 고민해 볼 필요가 있다. 앞서 알린스키의 말을 빌려 기존에 진보라 이야기하던 사람들의 일부가 가지고 있던 태도나 관념들에 대해 비판의 날을 세운 이유는 사실 여기에 있다.

혹자들은 필자의 글을 읽으며 마치 운동의 길이 끝난 것처럼 단정적으로 말한다고 비판할지도 모른다. 이는 좀 더 설득력 있는 부드러운 언어로 설명하지 못하고 부득이하게 기존 운동의 방식이나 내용에 대해 비판의 날을 세우는 방식으로 논쟁해 왔던 필자의 부덕 때문이라고 생각한다. 필자 역시 열정만 앞세우고 공감하는 언어로 소통하는 것에는 부족했던 것은 아닌지 반성하는 순간들이 많다. 그러나 나는 운동의 길이 끝났다고 생각하지는 않는다. 다만 기존에 우리가 그리고 선배 세대들이 추구해 왔던 이념과 그것을 토대로 한 운동의 길은 끝나 가고 있다고 생각할 뿐이다. 자연스레 다른 운동의 길이 필요하다고 생각한다. 과문한 필자 역시 그 운동의 길이 구체적으로 어떠한 것인지 세세하게 정의 내릴 수는 없다. 아직 필자에게 그럴 만한 식견이 존재하지 않고 앞으로도 그렇게 될 기회가 있을지 모르겠다. 다만 하나씩 시도해 보고 또 실패해 보며 희미한 단서들을 찾아가고 있을 뿐이다. 그러나 그 희미한 단서들 사이에서 찾아낸 하나의 깨달음이 있다면 그것은 우리가 새롭게 가야 할 운동의 길, 세상을 바꿔 나가는 길은 아마도 정치와 밀접한 연관이 있는 무엇일 거라는 것이다. 혁명만큼이나 뜨거운 열정을 모아 내지만 적절한 순간에 그것을 정치의 힘으로 변화시키고 그것을 통해, 한번 불타오르고 재가 되어 버리는 것이 아닌, 지속적으로 더 많은 사람들에게 비록 오랜 시간이 걸리더라도 현 체제 안에서 살아가면서도 좌절하지 않을 수 있는 희망의 근거들을 제도화해 나가는 운동을 의미한다. 그렇게 제도화된 희망의 근거들은 과거처럼 소수의 엘리트들이 다수의 고통 받는 사람들을 대변하는 방식이 아니라, 동료 시민으로서 한 사람, 한 사람이 스스로 자신의 삶을 개척해 나가는 데 도움이 될수 있다고 생각한다. 그 새로운 운동의 길이 과거보다 더 어렵고 복잡할 것임은 명백한 사실이다. 민주화가 되었다는 것, 민주주의를 한다는 것은 저항만으로는 불충분해졌음을 의미하기도 하기 때문이다. 이제 새로운 운동, 정치와 밀접한 연관이 있는 '현명한 운동'이라 불리는 그것은 저항과 대안을 동시에 이야기하고 추진해야 할 것이다. 그리고 저항은 자신의 정당성만 주장하는 것을 넘어 타인을 설득할 수 있는 방법과 내용을 가져야 할 것이다. 마찬가지로 대안은 이제 환상 속의 유토피아의 모습이 아니라 오늘을 살아가는 사람들의 현실 속에 손으로 잡힐 수 있는 것으로 제시되어야만 할 것이다. 그리고 저항과 대안은 이제 정치와 그것을 통한 제도화라는 방식으로 더 넓고 튼튼하게 이 사회에 뿌리내려야만 할 것이다. 우리는 그렇게 세상을 바꿔 나가야 한다.

물론 냉엄하게 말한다면 민주주의 사회에서 운동과 정치의 길은 완전히 다른 길이다. 운동의 방법과 정치의 방법도 역시 다르다. 그 철학적 기반도 다를 것이다. 그러나 필자는 알린스키의 '변화의 정치학'을 이해하고 나서 오히려 '좋은 정치'와 '현명한 운동' 사이의 간극은 토대와 철학의 차이에도 불구하고 상당히 가깝게 느껴졌다. 알린스키는 정치가가 아니라, 끊임없이 급진적 행동을 통해 세상에 저항하는 운동가였다. 그러나 그는 현명하게 운동을 해 나갈 것을 주장했고 그 방법으로 '있는 그대로의 세계' 안에서 '정치적으로 사고하고 행동'할 것을 설득했다. 정치라는 것이 인간과 세계가 회피할 수 없는 문명사회의 존재론적 근거라면 그렇게 만들어진 세상의 부분들에 변화를 가져오고자 하는 운동 역시 정치를 회피할 수 없을 것이다. 그런 이유로 알린스키는 필자가 오랫동안 가져왔던 고민, 정치와 운동의 간극을 좁혀 주는 데 큰 도움이 되었다. 필자가 생각하기에 현명한 운동은 정치적으로 사고하고 정치를 적극적으로 활용하면서 운동의 성과를 정치의 힘으로 바꾸어 낼 수 있는 그런 운동을 말한다. 좋은 정치는 상대를 인정하는 기초 위에 대안을 가지고 서로 경쟁함으로써 한 사회의 구조를 더 좋게 만들어 가는 것을 말한다. 현실에서 우리가 목도하는, 현명한 운동을 위한 과제와 좋은 정치를 위한 과제는 매우 비슷하다. 상대의 경험을 인정하는 의사소통, 자유로운 사고와 정치적 상대성, 편견 없는 마음과 웃음, 고통 받는 사람들에 공감하는 상상력, 의미 있는 갈등과 용기 있는 타협……. 모두 현명한 운동과 좋은 정치에 필요한 과제들이다. 이처럼 '운동'과 '정치' 사이에 본질적인 간극이 있다고 하더라도 앞으로 나아가야 할 과제가 비슷한 것은, 정치와 운동이 모두 세상을 변화시키는 힘과 방향성을 가지고 있기 때문이 아닐까 조심스레 추측해 본다. 그리고 그런 좁은 간극에서 오는 긴장과 고민들이 세상을 변화시키는 지혜가 될 수도 있다고 생각한다.

알린스키가 말했듯이 우리는 계속해서 "왜?"라는 질문을 던져야 한다. 좋은 정치가 현명한 운동에 도움이 되고 또 현명한 운동이 좋은 정치를 위한 에너지를 공급할 수는 없을까? 현명한 운동의 열정이 좋은 정치의 지혜와 만나 세상을 좋게 만드는 것은 정녕 불가능할까? 처음부터 불가능하다고 말했던 이들은 어쩌면 정치와 민주주의를 평범한 사람들이 참여하며 만들어 가는 것으로 본 것이 아니라, 소수 엘리트들의 협상과 공학으로만 한정지은 것은 아닐까? 어쩌면 우리는 운동을, 사회를 바꿔 나가는 동력이 아니라 혁명을 위한 수단이나 과정 정도로 이해한 것은 아닐까? 꼬리에 꼬리를 잇는 질문들에 아직 필자도 답을 낼 지혜와 용기가 없지만, 절망을 딛고 일어서야 할 다음 세대의 새로운 희망을 위해서라면 알린스키의 말대로 하나만은 확실하다고 말할 수 있다. "우리가 나아갈 방향은 정해져 있지도 확실하지도 않지만, 우리는 나아가야만 한다."

| 10 |

다음 세대를 위한
몇 가지 조언

오늘날 한국 사회는 알린스키의 말을 빌려오자면 "물질주의적이고 퇴폐적이며, 속물적 가치를 지향하고, 파산 상태에 놓여 있으며 폭력적"이다. 특히 젊은 청년 세대에게 한국 사회는 유난히 잔인하다고 할 수 있다. 1백만 명에 달하는 실질 청년 실업자들의 문제는 미디어와 정치권에서 동정과 위로의 대상은 될지언정 시급히 해결해야 할 문제로 다루어지지는 않는다. 노동조합, 재계, 정부가 모두 머리를 맞대고 이 문제를 해결하자고 하면서 실제로는 자신들의 이해관계를 이야기한다. 한동안 월 150만 원짜리 일자리를 찾는 청년들에게, 눈이 지나치게 높고 패기가 없다고 힐난하더니 언제부턴가는 '창조적 인재'가 되기 위해 창의력을 기르라고 말한다. 그때 말하는 창의력이라는 것도 새로운 스펙에 불과하다는 것을 청년들은 이미 잘 알고 있다. 최근에는 아예 '달관'하고

'너만의 인생을 살아라'라고 짐짓 충고한다. 그러나 초야의 승려조차 시주 없이 생존할 수 없듯, 달관도 생존의 조건이 가능하지 않다면 자포자기와 다르지 않다. 이렇게 폭력적이고 잔인한 현실 앞에서 그들은 아직 조직되어 있지 않다. 사실 그들 세대가 무언가 새로운 가치를 위해 조직되기에는 파편화되어 있고, 그것을 위한 최소한의 기반조차 마련되어 있지 않다.

그래서 세상을 변화시켜 나가고자 하는 다음 세대는 이 절망적인 현실을 받아들이고 거기에서 출발해야 한다. 그리고 변화를 위해 내딛는 첫걸음은 이전 세대가 취해 왔던 방법과는 달라야 할 것이다. 다음 세대를 위한 변화의 싸움은 아주 길고 지루하지만 또 그만큼 격렬한 과정이 될 것이기 때문이다. 냉소와 허무주의를 기부히면서도 근거 없는 낙관주의에 빠지지 않아야 하며, 정당·노동조합·국회·행정을 비롯한 다양한 권력 도구들을 적극적으로 활용할 수 있어야 한다. 진보보다 더 넓은 세계를 경험하고 거기서 더 많은 사람과 소통하고 공감할 수 있는 능력을 배워야 한다. 체제 안에서 민주주의의 방법으로 끈질기게 싸워 나가되 여유와 웃음, 그리고 생활의 작은 행복들을 놓치지 않아야 한다. 그래야 오랫동안 싸워 나갈 수 있을 것이다.

알린스키는 토머스 페인Thomas Paine의 말을 인용하여 평등과 평화의 길과 폭력과 비인간화의 길 사이에서 어디로 가야 할지 기로에 서 있는 미국의 1970년대를 예언하며 그의 책을 마무리한다. 그리고 그 문장은 2015년 지금 고뇌의 시절을 보내고 있는 한국 사회의 젊은 세대들에게도 마찬가지로 적용될 것이다. "지금은 인간의 영혼을 시험하는 때이다."

1. 비관론에 근거하되 그 안에서 변화의 가능성을 발견해 내라!

세상을 의미 있게 변화시켜 나가기 위해서는 젊은 세대가 냉소주의나 정치적 허무주의에 빠지지 않도록 주의하되 근거 없는 낙관주의에도 빠지지 않았으면 한다. 그리고 그들이 겪는 고통이 일거에 해결되리라는 헛된 믿음이나, 구원자가 나타날 것이라는 환상도 가지지 않았으면 한다. 근거 없는 낙관주의와 냉소주의는 사실 동전의 앞뒷면과 같이 하나인 경우가 많다. 지나친 낙관주의는 그 낙관이 원하는 만큼 실현되지 않을 때 너무나 쉽게 냉소주의나 허무주의로 변모해 버리는 경우가 많기 때문이다. 근거 없는 낙관주의는 대부분 복권 당첨을 기다리는 한탕주의이거나, 현실의 실패나 좌절을 은폐하는 진통제인 경우가 많다. 그리고 오지 않을 환상에 기대는 것에 다름 아니다. 필자가 생각하기에 지금 고통 받고 있는 다음 세대의 문제가 한번에 해결되는 그런 환상이 실현되는 길은 한 가지밖에 없다. 전쟁이 일어나 이 모든 체제가 박살나고 처음부터 다시 시작하는 것이다. 그러나 그것은 가능하지도 않으며 인간의 길도 아니다. 어렵고 지루하더라도 민주주의 안에서 오랫동안 지속되는 변화의 길을 걸었으면 한다. 그 이유에 대해 박상훈 박사는 그의 책 『정치의 발견』에서 이렇게 이야기한다. "민주주의가 허용하는 것은 적극적 참여와 실천의 공간을 넓히는 것의 가치를 중시하는 가능주의, 나날이 성장하는 것의 가치를 중시하는 점진주의뿐이다. …… 그것만이 성과를 확대해 갈 수 있게 하고 또 오래갈 수 있는 정치적 실천을 이끈다. 설령 큰 변화가 필요하다 해도 점진적 실천의 누적 없이 거저 이루어지는 일은 별로 없다." 쉽게 좌절하지 않고 만용이 아닌 진정한 용기를 얻기 위해, 세상이 쉽게 그리고 금방 변하지 않으며 정의를 위한 싸움에서는 승리보다 패배가 더 많고 얻을 것은 작고 잃을 것은 더 크다는 비관론을 현실 인식의 바탕과 근거로 하되, '그럼에도 불구하고' 세상이 조금씩 천천히 좋아질 가능성이 상존한다는 희망을 잃지 않는 태도를 가지고 끈질기게 싸워 나가는 것이 도움이 된다고 생각한다. 두려워하거나 걱정할 필요는 조금도 없다. 오늘의 다소 어려운 상황이 비관론의 근거가 될 수 있을지는 몰라도 변화의 가능성을 기각하는 이유까지 될 수는 없다. 세상은 쉽게 변하지 않지만 또 반드시 변화할 수 있는 곳이기도 하다. 그것이 바로 우리가 쉽게 절망하지 말아야 하는 강력한 이유이다.

2. 세대의 자기 이익에서 출발하되 더 큰 변화를 위해 더 많이 대표하라!

이전 세대가 특정 이데올로기들을 통해 창조한 '환상의 세계'는 매우 단순했다. 한두 가지 핵심적인 갈등이 세계를 둘 또는 기껏해야 셋 정도로 나누고, 그 사이에서 세상의 변화는 거의 진화론적 과정이나 기초적인 물리학 수준의 역학 관계에 따라 도래한다. 따라서 세상을 바꾸기 위한 행동도 단순했다. 정의롭고 정당한 우리 편의 힘을 크게 만들어서 싸우는 것이 거의 전부였다. 그러나 지금 우리, 그리고 다음 세대가 더 오래 살아 내야 할 '현실의 세계'는 그렇게 단순하지 않다. 정당성을 주장하는 것, 때로 이기적이라고 하더라도 끝까지 주장하는 것으로는 복잡한 이해관계를 가진 다양한 집단들이 경쟁하는 현실 세계에서 결코 성공할 수 없다. 이에 대한 칼 폴라니의 말은 몇 번이고 되새겨 볼 만하다.

> "어떤 집단을 성공으로 이끄는 것은 그들 자신의 이해관계가 지닌 힘 때문이 아니다. 사실 성공의 비밀은 그 집단이 얼마나 다른 집단들의 이익을 (자신들의 이익에 포괄시킴으로써) 대표해 내느냐에 달려 있다"(『거대한 전환』).

만약 다음 세대가 이 체제를 조금이나마 더 평화롭고 평등하게 바꾸고자 한다면 먼저 자기 이익에 근거하여 자신들의 세대와

차별받는 집단을 위해 싸워 나가되, 이 불평등한 체제에서 고통받는 다양한 여타 계층·계급·세대의 이익도 함께 대표해 낼 수 있어야 할 것이다. 처음에는 청년 실업 문제, 학자금 부채 문제, 불안정한 주거 문제 등에 대해 사회와 다양한 집단들이 '동정'을 보낼지도 모른다. 그러나 시간이 지나고 이제 그 문제들이 우리 사회의 근본적인 문제와 맞닿아 있다는 것이 드러나는 순간이 오면 그때부터는 한 사회의 한정된 자원을 둘러싸고 누가 더 많이 가져갈 것인가, 누가 더 시급한가 하는 쟁탈전이 벌어지게 된다. 그때가 진정으로 싸워야 할 때이다. 그러나 그 싸움은 다음 세대라는 특정 집단의 힘만으로 가능한 것은 아니다. 앞서 언급한 폴라니의 말대로 다른 집단들의 이익이 다음 세대의 이익과 다르지 않음을 증명해 내고 또 설득해 내야 하는 과정이 필요하다. 그 과정은 때로 젊은 세대에게 일정 정도 불가피한 희생을 요구하게 될 수도 있는데, 그것은 오히려 더 큰 미래를 위한 일시적인 타협과 더 큰 명분을 얻는 과정이 될 것이다. 조직과 자본이 거의 없는 다음 세대는 때로 매우 계산적이리만큼 현실주의적 태도로 작은 승리의 경험들을 쌓아 나가야 하지만, 그것이 전체 사회의 변화와 반드시 맞닿아 있음을 기억해야 한다. 더 많이 대표하고 더 넓게 포괄하는 집단이 승리한다는 것이 민주주의라는 링의 불변의 룰이다.

3. 정당에 가입하라!

'정당은 동일한 정치적 견해를 가진 시민들의 집합체'라고 할 수 있다. 그리고 아마도 현대 민주주의에서 선거에서 승리할 수 있는 유일한 조직이기도 하다. 그러나 정당이 우리가 살아가는 사회에서 중요한 이유는 샤츠슈나이더가 지적했듯이 정당은(정상적이라면!) 한 사회의 갈등을 가장 크게 조직하고 대표하는 조직이기 때문이다. 알린스키의 말대로 조직 없는 운동을 상상할 수 없는 것과 마찬가지로, 정당 없는 현대 민주정치 또한 상상할 수 없는 것이다. 그렇기 때문에 어떤 정당의 당적을 가진다는 것은 이 사회에 존재하는 다양한 사회 갈등 중에서 자신이 어떤 것을 중요하게 생각하고 그 갈등에 대해 어떤 입장을 선택할지를 확인하는 것이다. 그것은 하나의 세계관을 갖는 것과 같다.

박상훈 박사의 정의에 따르면 정당은 다음과 같은 역할을 한다. 정당은 "① 특정의 정치적 견해를 공유하는 사람들의 집단으로, ② 그에 맞게 사회 여론을 형성하고, ③ 이를 통해 유권자의 선호 형성에 기여하고, ④ 지지자와 당원에 대한 정치 교육자 역할을 하고, ⑤ 공직 후보자를 지명해 선거 경쟁에 내보내 선출직 공직자 집단의 재생산에 기여하고, ⑥ 공공 정책을 입안하고, ⑦ 갈등의 표출과 매개, 조정 역할을 함으로써 사회 통합에 기여하고, ⑧ 조직 구성원의 이익을 극대화"한다. 정당이 하는 이 모든 역할은 적어도 현대 민주주의 체제에서 세상이 움직이는 법칙이고, 권력을 움직이는 방법이기도 하다. 우리는 정당에 가입하고 활동하고 지지하고 경쟁하는 과정에서, 우리가 살고 있는 세상이 움직여지는 법칙, 방법, 논리들을 깨달을 수 있다. 그리고 그 법칙과 방법들은 세상을 바꾸고자 하는 사람들로 하여금, 국가 차원의 갈등과 타협이 전개되고 사람들이 정치적으로 동원되는 것을 보고 배우면서 '현실주의적 최선'을 찾아갈 수 있도록 도와 줄 것이다. 권력을 지향하고 있다는 것을 정당의 목표로 명확하게 밝히고 있는 정당이라면 새누리당, 새정치민주연합, 노동당, 녹색당, 정의당 등 어떤 정당이어도 상관이 없을 것이다. 물론 우리 사회에는 아직 정당의 당원이 되는 것을 불편하게 생각하는 경향이 있고, 당원은 편향된 사고를 하는 사람 정도로 여겨지는 것이 현실이다. 그러나 정당에 가입하지 않는다고 해서 덜 편향된 사람이라는 근거는 없다. 오히려 정당이 하나의 세계관을 대변하는 것임을 우리가 인정한다면, 세계관을 갖는 것과 현실에서 그것을 실천하는 것은, 한 사회를 살아가는 구성원으로서 너무나 자연스럽고 또 일상적인 일임을 생각해 보았으면 한다.

정당에 가입하는 순간 자연스럽게, 앞서 다루었던 불편한 단어들을 조금 더 일상적으로 다루게 된다. 권력(힘), 갈등, 타협, 이익과 같은 단어들 말이다. 그리고 정당 활동을 하게 되거나 선거를 돕게 되면 그 정당이 추구하는 각종 공공 정책이나 갈등에 대한 입장들을 가지고, 자신과 가치관이나 판단이 다른 사람들을 설득하거나 논쟁해야 하는 일이 많아진다. 그것은 곧 민주주의를 배우는 것이기도 하고, 힘을 쟁취하는 과정 그 자체를 배우는 것이기도 하다. 그렇기 때문에 변화를 바라는 사람에게, 아마도 정당보다 더 많은 현실적 깨달음과 경험을 안겨 줄 조직은 없다는 것이 필자의 생각이다.

4. 노동조합에 가입하라!

자본주의사회에서 살아가는 사람이라면 노동과 분리해서 사고하고 생존할 수 있는 존재는 거의 없다. 자신이 노동자든 사용자든, 혹은 자영업자라 하더라도, 그리고 어떤 정치적 입장에 서 있더라도 노동문제를 도외시하고는 우리가 살고 있는 이 현실의 세계를 정확하게 이해할 수 없다고 생각한다. 현실 세계에서 일어나는 사건과 갈등들이, 매일을 살아가는 사람들의 생존과 생활의 문제와 떨어진 추상적인 어떤 것이 될 수 없는 이상, 그 근간에는 당연히 노동의 문제가 있다. 따라서 노동조합에 가입하거나 관계를 맺는 것은 자본주의라는 사회에서 가장 보편적인 갈등과 관계 맺는다는 것을 의미한다. 그리고 그것은 가장 예민하면서도 본질적인 갈등이라 할 수 있다.

특히 변화를 위해 움직이는 사람이라면 노동조합 하나쯤은 가입하거나 어떠한 방식으로든 관계를 맺을 것을 추천한다. 당신이

39세 미만의 청년이라면 청년유니온과 같은 세대별 노동조합에 가입해도 좋다. 여성이라면 누구나 가입할 수 있는 여성 노조가 있으며, 심지어 은퇴자나 노인들을 위한 노동조합인 '노년유니온'도 최근 결성되었다. 그리고 어떻게든 자신의 일과 관련한 노동조합 하나쯤은 우리 사회 안에 있게 마련이다. 만약 자신의 직업에 관계된 노동조합이 없다면 비슷한 부류의 노동조합, 혹은 평소 관심 갖는 이슈를 다루고 있는 노동조합의 소식지를 받아 보거나, 관련 토론회나 행사에 참가해 보기를 권한다. 그렇다고 자신이 일하는 곳에서 꼭 노동조합을 조직해야 한다거나 투쟁을 해야 한다는 이야기는 아니다. 그보다 앞서, 자신이 겪고 있거나 주변에서 일어나고 있는 노동문제의 의미를 깊이 이해할 필요가 있다는 뜻이다. 노동문제를 이해한다는 것은 사실 우리가 살아가는 세계의 가장 본질적인 문제와 갈등을 이해한다는 의미가 된다. 노동조합에 가입하거나 가까워진다면 이제는 당신의 삶의 이해관계가 이 체제 안에서 어떻게 다루어지는지, 그 산업의 관련자들이 어떤 갈등을 겪고 또 어떤 미래를 고민해 가는지, 누구보다도 잘 이해할 수 있을 것이다. 그리고 노동조합에 가입한다는 것은 자신의 생활과 우리가 살아가고 있는 체제가 어떻게 연결되어 있는지를 더 깊이 이해할 수 있도록 해 준다. 10퍼센트 남짓에 불과한 한국의 노동조합 조직률을 두고 노동조합이 사회를 마비시킨다고 호들갑 떠는 것은 눈살 찌푸리게 하는 선동이지만, 그럼에도 불구하고 노동조합이 한 사회의 정치와 경제 영역에서 가장 중요한 행위자라는 것도 명백한 사실이다. 안타깝게도 한국 사회에서는 초중등 교육 또는 고등교육에서 노동문제를 제대로 가르치지 않는다. 그러다 보니 실제 생활의 현장에서 노동을 하며 발생하는 다양한 문제를 사회문제로 인식하는 데 어려움을 겪을 수밖에 없고, 이는 자연스레 자신의 경제생활과 우리가 마주하는 사회문제가 마치 아무런 관련이 없는 것처럼 생각하게 만들어 버린다. 그러나 자본주의사회에서 살아가는 우리 모두는 노동문제와 상관없이 살아갈 수 없다. 노동조합에 가입한다는 것은 그런 측면에서 우리가 살아가는 세계의 경제구조를 인식하게 만드는 첫걸음이자, 개인의 삶과 사회를 변화시키는 가장 일반적인 수단 중 하나라 할 수 있을 것이다.

5. 진보보다 더 넓은 세계를 경험하라!

세상을 바꿔 나가고자 하는 사람들일수록 '진보적'이라고 이야기되는 것만 읽고 공부하지 않았으면 한다. 그리고 '진보'라고 이야기되는 한정된 영역만 경험하지 않기를 바란다. 한때 필자가 그랬다. 그러나 그것은 오히려 평범한 사람들의 생활과 삶을 이해하는 데 어려움을 겪게 만들었다. 세상은 진보와 보수로 나누기에는 너무나 풍부하고 넓다. 그리고 그만큼 부조리하고 반대로 역동적이기도 하다. 이념은 때로 우리가 변화를 만들어 내기 위해 입장을 세우고 세계를 해석하는 데 도움이 되지만, 우리의 삶과 생활을 충분히 설명하고 묘사하는 데에는 턱 없이 부족하다. 평범한 사람들이 경험하고 공부하는 많은 것들을, 될 수 있으면 함께했으면 한다. 외국어·회계·컴퓨터와 같은 실용적인 것들도 좋고, 아니면 마케팅이나 디자인, 미술이나 음악도 좋다. 그것들은 알린스키가 말한 '상대의 경험에 근거한 의사소통'을 할 수 있게 만들어 준다. 무엇보다 우리가 일상생활에서 겪는 경험의 대부분은 진보나 보수와 같은 프레임으로 나눌 수 있는 일들이 아니다. 그보다 오히려 '인간적인' 측면에서 다루어지는 경험들이 더 많다. 인간의 세계를 이해하고 진보와 보수의 세계를 이해하는 것이 필요하다고 나는 생각한다. 문학의 고전이어도 좋고, 사람들이 즐겨 보는 통속적인 드라마나 스포츠여도 좋다. 사람들이 일상에서 영위하는 작은 행복과 생활의 다양한 측면들을 배우고 공부하는 것이 더 풍부하고 넓은 세계를 이해하게 하는 동력일 것이다.

그리고 혹시 기회가 된다면 체제를 유지하거나 지배하는 집단들의 방법과 기술도 공부해 보기를 권한다. 정치적으로 다소 보수적인 방향이든, 아니면 진보적인 방향이든 간에 한 체제를 유지하고 움직이는 것은 높은 수준의 지적 능력과 고민이 있지 않고서는 불가능하다. 그것은 우리에게 익숙한 정치적 대결의 영역보다는 오히려 통치의 영역에서 필요한 방법과 기술들이다. 그 둘 사이는 비슷하면서도 다르다. 필자의 작은 경험에 따르면, 통치의 영역은 다소 보수적인 경향성이 강하다고 생각한다. 정치적 대결의 영역보다 책임성이 크기 때문이다. 그리고 그런 고민들과 방법들을 배워야 하는 이유는 우리가 상대하고자 하는 집단들의 내부를 잘 이해하기 위해서만이 아니라, 진보라 이야기되는 우리도 결국은 그런 능력을 가지고 사람들에게 대안으로 설득해야만 하기 때문이다. 가능하다면 체제를 유지하고 지배하는 사람들의 학문과 기술을 적극적으로 배우는 것이 필요하다고 생각한다. 그리고 심지어 그것들을 배우지 않고서는 그들을 이길 수 없다.

6. 그리고 누구든, 무엇이든 하나쯤은 사랑하라!

연인이어도 좋다. 스포츠나 컴퓨터 게임이어도 좋고, 음악이나 만화여도 좋다. 우리가 세상의 변화를 위해 추구하는 가치와 행동, 조직이 아닌, 다른 무언가를 하나쯤 깊이 사랑하기를 희망한다. 그렇지 않다면 우리의 삶은 너무나 빈곤해질 것이다. 그것은 물질적 빈곤보다 더 황폐한 정신적 빈곤이다. 그리고 그것은 반드시 타인과 공감하는 상상력의 빈곤을 불러오고, 우리를 어두운 냉소주의 속으로 고립시킨다. 부담스러울 정도의 열정과 세상의 거의 전부에 대한 분노와 정의감에 가득 차 세상을 바꾸려 하는 사람과 만났을 때, 오히려 그가 굉장히 건조하고 생기 없는 삶을 살아가고 있다는 느낌을 받을 때가 가끔 있다. 취미도 문화생활도 없이 심지어 연애도 하지 않으며 생활의 모든 부분이 어떤 목표에 맞추어 조직되어 있는 사람들과 대화하는 것은 매우 피곤한 일이다. 그런 사람들일수록 여유가 없으며, 내면이 어둡고 음습한 경우가 많다. 작은 차이를 인정하지 못하고 화를 내거나 타인의 사적인 삶을 무의미한 것으로 치부해 버리기도 한다. 세상을 바꿔 나가는 과정은 사실 비관론에 근거하여 작은 희망을 가지고 버티어 나가는 것이다. 성공보다 실패가 더 많을 것이고, 성공이라는 것도 길게 보면 작은 성공에 불과한 경우가 많다. 그러나 우리가 그 비관의 순간에 지치지 않고 "그럼에도 불구하고!"라고 말할 수 있도록 삶에 생기를 불어넣는 것은 대부분 생활의 작은 행복일 경우가 많다. 그렇기 때문에 무언가를 사랑하는 사람은 쉽게 지치지 않는다. 무언가를 '사랑하고 있다'는 감성 상내에서 끊임없는 생명력이 나오기 때문이다. 사랑은 우리를 '구원'하는 것은 아니다. 다만 고단한 현실의 삶에서 우리를 '버티게' 해 주는 힘이 될 수 있다. 그리고 우리는 경제적 이해관계나 예리한 정치적 입장보다, 때로 평범한 일상생활의 다른 부분들에서 타인과 더 깊이 교감하고 서로의 삶과 생각을 온전히 이해할 수 있다는 점을 잊지 말자. 평범하게 살아가는 많은 사람들이 생활에서 느끼는 작은 행복을 이해하지 못하고 그들과 공감하려 하는 것은 사실상 오만에 가깝다고 할 수 있다. 기억하자. 인간의 삶은 진보와 보수, 정치와 운동 같은 것보다 몇 배는 더 복잡하고 넓은 영역이다. 그리고 늘 더 아름다운 곳이다.

알린스키를 읽고 또 그를 이해하기 위해 다양한 정치학자들의 책을 탐독하며 동료들 그리고 후배들, 무엇보다도 좋은 선배들, 선생님들과 토론했던 시간은 사실 필자에게 위로의 시간이었다. 필자는 1990년대 후반에 학생운동을 시작해서 30대 중반이 될 때까지 청년 노동운동, 정당, 국회, 지방행정, 시민 단체 등을 정신없이 거쳐 왔다. 세상을 조금이나마 나아지도록 만드는 방법을 찾기 위해서는 닥치는 대로 경험하고 뛰어들어서 행동해 보아야 한다고 생각했다. 새로운 공간과 사람들은 늘 나를 설레게 했다. 그리고 새로움 자체가 곧 깨달음이었다. 게걸스럽다는 표현을 해도 좋을 정도로 새로운 영역의 지식과 방법을 찾아다녔고, 그것들이 많이 쌓일수록 세상을 조금 더 빨리 확실하게 바꿀 수 있으리라 생각했던 적이 있었다. 그러나 그 과정에서 오랫동안 '죄책감'에 시달렸던 것이 사실이다. 늘 격정적으로 '희망'과 '변화의 가능성'을 강변했지만 정작 바꾸고 싶었던 사회의 현실은 크게 개선되지 않았고, 그 과정에서 많은 동료와 후배들이 세상을 변화시키는 길을 지속하기보다는 현실의 생계와 내일에 대한 고민을 택할 수밖에 없었기 때문이다. 그럴 때면 이전에 신념과 의지에 가득 차서 강변했던 그 모든 이야기들이 무색하고 창피하게 느껴지는 순간이 가차 없이 다가온다. 괴로운 순간이다. 그리고 거대한 벽과도 같은 현실에 두려움을 느끼곤 한다. 이 모든 몸부림이 무슨 의미가 있단 말인가? 여전히 우리 사회는 그들에게 고통을 주고 있고 세상이 나아지는 속도보다 나빠지는 속도가 더 빠른 것처럼 보이는데. 나에게 알린스키를 읽는 시간은 이런 고뇌에 대한 위로이자 깊은 반성의 시간이었다. 알린스키가 날을 세워 비판하고 질책했던 어리석고 조급한 운동가들의 모습은 바로 필자의 모습이었다. 있는 그대로의 세상이 아닌, 보고 싶어 하는 환상에 근거해 세상을 해석하고 사람들에게 강변하던 모습, 상대의 경험에 근거해 의사소통을 하기보다 차이를 강조하며 쉽게 편을 가르고 목소리만 높이며 공격적 언어로 상대를 매도하려 했던 태도, 실제로는 하찮기 그지없는데 마치 세상의 비밀을 아는 것처럼 젠체하며 음산한 평론이나 하면서 비아냥거리던 습관……. 세상이 부조리하고 불평등하다고 분노하면 할수록 내 자신은 더 편협해지고 강퍅해지기만 했다. 분노는 대상을 찾지 못해 가까운 주변으로 향하고, 섣부른 성공에 대한 기대만큼 실망은 크게 마련이어서 내면이 황폐

해져 갔다. 필자가 그 방황의 순간에 알린스키를 만난 것은 작은 '구원'과도 같았다고 말하고 싶다. 그렇다. 문제는 늘 스스로에게 있었다. 앞으로 나아가기 위해서는 지금까지 걸어왔던 길을 과감하게 추억의 저편으로 정리할 필요가 있었다. 나의 추억을 아름답게 미화하기 위해 미래의 희망을 거짓으로 색칠할 수는 없다. 이제는 오랫동안 필자를 옭아매던 강박들에서 완전히 자유롭다고 확신하지는 못하더라도 조금 여유로워진 것 같다. 세상은 쉽게 변하지는 않지만 '반드시' 변화할 수 있는 곳이다. 체제 안에서 일하는 것은 고통스럽기는 하지만 확실한 변화를 만드는 길이다. 차이를 긍정하는 법을 배웠고, 차이에도 불구하고 갈등하고 설득하며 또 과감하게 타협할 수 있는 용기를 가지게 되었다. 미래에 대한 무한한 낙관은 필요 없어졌지만 또 크게 절망해야 할 이유도 딱히 없어졌다. 평범한 사람들의 삶과 지혜에서 출발해서 딱 그만큼의 변화를 만들어 가는 것이 중요하다는 사실을 알게 되었다. 무엇보다도 가장 중요한 것은 우리가 그리고 내가 여전히 많은 것을 다시 사랑할 수 있고, 여전히 웃음을 잃지 않고 세상의 변화를 위해 오랫동안 일해 갈 수 있다는 사실이다.

한편 이 글과 강의는 필자의 동년배 세대들에 대한 위로였으면 좋겠고, 더 힘든 시기를 거칠지도 모르는 다음 세대를 위해서는 변화를 위한 작은 참고서 정도였으면 좋겠다. 필자의 세대들 중에서, 그리고 세상의 변화를 바랐던 많은 사람들 가운데 뜻하지 않게 깊은 마음의 상처를 받았던 경우가 많다. 선배 세대들은 민었던 이데올로기의 종말을 경험하며 절망했었다고 늘 술에 취해 말했다. 그런데 우리 세대들은 믿을 것이 아무것도 없는 와중에 지푸라기처럼 환상을 부여잡고 왔던 것에 대한 후회가 더 크다. 그 환상의 안개가 걷히고 나서 현실을 목도할 수밖에 없는 순간들이 각자에게 닥쳐왔을 때 안타깝게도 많은 동료들이 실제로 마음의 병을 앓아야 했다. 이제 그만 아파했으면 한다. 모든 아픔이 추억으로 풍화되지는 않겠지만, 술자리에서 가끔 내뱉는 넋두리 정도로 비켜 두어도 된다고 생각한다. 후회라는 감정이 새로운 도전의 발목을 잡게 하지는 않았으면 한다. 이제는 우리 세대가 했어야 하는 일보다, 우리가 다음 세대를 위해 지금부터 다시 시작해야 하는 일들을 더 많이 생각했으면 하는 마음이다. 최소한 다음 세대를 위해 좀 더 정직적이고 그만큼 자유로운, 다리를 새로 놓아주는 교량자는 될 수 있지 않을까 생각한다.

다음 세대에게는 어차피 필자의 경험보다 훨씬 더 다양하고 극적인 경험들이 기다리고 있을 것이므로, 이 강의를 결코 지침 따위로 삼을 필요도 없고 그럴 리도 없다고 생각한다. 막 서른 살이 되었을 때 책 한 권을 낸 적이 있다. 그때 나는 이제부터 너무나도 고통스러운 삶을 살아가야 할 20대들에게 미안하다는 사과를 책 말미에 붙였더랬다. 다시는 돌아가고 싶지 않은 20대라고 말했다. 그리고 몇 년이 지나 다시 책을 한 권 썼을 때 이렇게 말했다. "지금 당신들과 같이 걷고 있다."고. 이제 30대 후반이 되고 있는 지금은 그냥 "다음 세대를 믿는다."는 말을 건네고 싶다. 다음 세대를 믿지 않고서는 필자가 하려는 현재의 어떤 시도도 의미가 없으리라는 것을 새삼스레 알게 되었다. 그렇다면 더 굳건히 다음 세대의 가능성에 믿음과 애정을 보내야 할 것이다. 이제 글을 마칠 때이다. 조금 감상적인 마무리였지만 알린스키의 말로 끝낼까 한다.

"함께한다면, 우리는 우리가 찾고 있는 것들인 웃음, 아름다움, 사랑 그리고 창조의 기회를 일부 찾을 수 있을지도 모른다."

어딘가에서 생활인이 되어 치열하게 살아가고 있을 옛 동료들에게, 그리고 희망의 다른 이름인 다음 세대에게 존경과 애정을 보내며.